KB143012

불황일수록 기본으로 돌아가라!

일의 기본,
경영의 기본

2000SHA NO AKAJIGAISHA WO KUROJI NI SHITA SYACHO NO NOTE
by Kazuhiro Hasegawa

Original Japanese edition publishing by KANKI PUBLISHING INC.
Korean translation copyright © 2020 by KPI Publishing Group
This Korean edition published by arrangement with KANKI PUBLISHING INC.,
Tokyo, through HonnoKizuna, Inc., Tokyo, and BC Agency, Seoul.

◦◦◦◦◦◦◦◦◦◦◦◦◦ **하세가와 가즈히로** 지음 ◦ **유나현** 옮김 ◦◦◦◦◦◦◦◦◦◦◦◦◦

불황일수록 기본으로 돌아가라!

일의 기본, 경영의 기본

비즈니스맵

들어가기에
앞서

회사가 적자로 전락하는 이유를 아는가?

경영진의 판단 실수? 재무 체질 악화? 인적 자원 관리 실패? 물론 이런 것들도 틀린 답은 아니다.

하지만 정답은 더 간단하다.

2,000곳 이상의 적자 회사를 봐온 경험에서 말하건대, 적자 회사는 '이익을 창출하는 힘'이 부족하다.

여기서 말하는 '이익'이란 영업부와 제품 개발부는 물론이고 총무, 경리 등의 사무를 담당하는 직원이나 신입사원에게도 요구되는 수치와 목표다. 그리고 '이익을 창출하는 힘'은 꼭 회사에 속해 있지 않더라도 자본주의 사회를 살아가는 데 있어서 빼놓을 수 없는 능력이다.

이쯤에서 자기소개를 하자면, 나는 지금까지 일곱 개 글로벌 기업에서 경영 간부와 대표 이사를 맡았다. 그리고 '기업 재건 컨

설턴트'로서 2,000곳이 넘는 적자 회사를 흑자로 만들었다.

니콘 에실로의 대표 이사를 맡았을 때는 500억 원의 적자를 1년 만에 흑자로 돌리고, 3년 만에 무 부채 경영을 실현하기도 했다. 신제품 개발에도 힘을 기울여 켈로그에서는 '현미 푸레이크', 존슨에서는 탈취제 '샷토'를 출시하여 히트를 기록했다. 현재는 일본 국내외 기업을 대상으로 기업 재건에 관한 경영 상담 및 세미나를 활발하게 진행하고 있다.

50년 동안 수많은 기업을 되살리기 위해 일하면서, 업무 중이나 이동 중에 깨달은 노하우와 이타적인 마음가짐, 조직에 관한 이런저런 생각을 정리하여 노트에 기록했다. 그 수는 무려 283권에 달한다.

나는 노트에 정리하는 습관을 통해 자신을 갈고닦아 수많은 지적 재산을 손에 넣었다. 특히 판단 속도가 눈에 띄게 빨라지고 정확도가 높아졌다. 인과관계를 분석하는 습관을 들여놓으면, 과거의 패턴과 비교하여 판단이 가능해지므로 사고 회로가 단련된다. 이로 인해 전략 책정 능력과 기획 입안 능력이 비약적으로 상승했다.

이 노트의 내용을 발췌해서 만든 것이 바로 『사장의 노트』다. 3권까지 출간한 이 시리즈는 수많은 사업가와 직장인의 지지를 받아 누적 판매 25만 부를 돌파한 베스트셀러가 되었다.

『사장의 노트』를 처음 출간한 건 2009년 7월이었다. 세계 경제를 뒤흔든 리먼 사태의 충격이 채 가시지 않은 시기였으므로, 한 권을 관통하는 주제는 '살아남는 방법'이었다.

그렇다면, 세월이 흐른 지금은 어떨까. 나는 '살아남는' 방법을 논하는 것조차 사치일 만큼 살기 어려운 시대가 되었다고 느낀다. 개인도 기업도 그저 '살아가는' 것이 고작이다.

이 책은 『사장의 노트』 전 3권에서 '살아가는 방법'에 관한 내용을 선별하여 현시대에 맞게 재편집한 것이다. 그리고 제3탄 출간 이후에 작성한 새 콘텐츠도 실었다.

살아가는 환경이 어떻게 변화하건 간에 무슨 일이든 긍정적인 마음으로 도전하는 자세가 필요하다. 다만, 그럴 때 자기 생각대로만 행동하면 실패의 쓰라림을 맛볼 수밖에 없다. 역사가 말해주듯이 보편적인 법칙이나 변화하는 환경에 맞서 싸운 경험과 사례가 나침반이 되어줄 것이다.

이 책을 통해 당신이 '살아가는 힘'을 손에 넣어 눈앞에 닥친 과제를 유연하게 극복한다면, 저자로서 더없이 행복할 것이다.

하세가와 가즈히로

목차

제2장　**변화**를 내다보고 **이익**을 **창출**하는 자가 **살아남는다**

제3장　**젊을 때**는 **실패**를
　　　　두려워하지 말고
　　　　일의 **기초**를 익혀라

제4장 어중이떠중이가 아닌
'프로'가 되어라

제5장 **인공지능**에 지지 않는 **기획력**과 **발상력**을 기른다

제6장 갈수록 중요해지는
'리더십'의 원칙

제7장 살기 위해 **태만함을 버려라**

제8장 자신의 **한계**를 **초월한 힘**을 내기 위해 **필요한 것**

제1장

회사에서 필요로 하는 사람과 그렇지 않은 사람의 차이

'경영자의 속마음'에 대해 생각해본 적 있는가?

약육강식의 시대인 만큼 경영자는 내심 '불필요한 건 과감히 버려야 한다'고 생각한다. 그렇기 때문에 더더욱 강한 의지와 저력을 보여줘야 한다. 지금 당신은 분위기를 주도하며 활약하고 있는가, 아니면 기회를 잡지 못해서 실력의 반도 발휘하지 못하고 있는가. 우선 이 점에 대해 스스로 점수를 매겨라. 그리고 자신의 존재가치를 높여 회사가 원하는 인재로 거듭나기를 바란다.

001

회사가 원하는 건 변화시킬 수 있는 사람이다

내가 적자 회사에 가서 1순위로 포섭하는 인재는 '변화시킬 수 있는 사람'이다.

여러 기업이 치열하게 경쟁하는 현장에서 경험한 것을 분석한 결과, 수많은 회사의 번영과 쇠퇴에는 명백한 원인이 있었다.

경쟁에서 살아남은 회사는 시시각각 변하는 회사 안팎의 경영 환경을 파악해서 자사를 변화시키는 힘을 지녔다. 한편 안타깝게도 살아남지 못한 회사는 약점을 스스로 개선할 만한 힘이 없는 경우가 많았다.

즉, 낡은 체질을 개선하지 못하고 '이익을 낼 수 없는 구조'에 머물러 있으면 시간의 경과에 따라 점점 격차가 벌어진다.

이는 개인의 경우도 마찬가지다. **실적을 내지 못하는 상태로 가만히 월급만 받고 있으면, 경쟁자와의 격차는 점점 벌어질 것이다.**

먼저 개개인 단위에서 지금까지의 가치관을 송두리째 바꿀 각오를 해야 한다.

002 진정한 '인재'가 되기 위해 새겨야 할 여덟 가지 조언

인재人材를 인재人財, 즉 인적 재산이라고 표현하는 경우가 있는데, 이 말을 적절하게 사용한 예는 거의 본 적이 없는 것 같다. 내가 정의하는 인재人財란 '미래를 자기 손으로 만들어나갈 수 있는 사람'이다.

그런 사람이 되려면, 다음 조언을 마음에 새겨야 한다. ① **인품을 갖춘다.** ② **남몰래 노력한다.** ③ **지식의 폭을 넓힌다.** ④ **상대방의 눈을 보며 말하고 명확하게 대답한다.** 이 네 가지는 매력적인 사람이 되기 위한 조언이다. 그리고 인간의 본질을 깨닫게 해주는 이 두 가지 말을 명심해야 한다. ⑤ **돈이 떨어지면 인연도 끊어진다.** ⑥ **아무리 서로 믿어도 배신당할 수 있다.**

더불어 흔들림 없이 살아가기 위해서는 다음 두 가지 말을 기억하는 게 좋다. ⑦ **진짜는 반드시 살아남는다.** ⑧ **조금 튀어나온 말뚝은 얻어맞지만, 많이 튀어나온 말뚝은 얻어맞지 않는다.**

인간은 아무리 사이가 좋아도 일을 해나가는 과정에서 서로 등을 돌리게 될 수 있다. 그럴 때 의지가 꺾이지 않으려면, 이 여덟 가지 조언을 마음속에 새기고 실천해야 한다.

003 일 잘하는 사람은 여섯 가지 능력을 지녔다

적자 회사를 살려낼 때 반드시 하는 일이 있다. 모든 사원에게 '업무 체크 리스트'라는 계획서를 제출하게 하는 것이다. 업무 체크 리스트란 주어진 업무를 어떤 일정으로, 어떤 수단을 이용해서 해결할지 한 달 단위로 계획해서 적는 것이다.

업무 체크 리스트를 제대로 작성해서 활용하려면, 다음 여섯 가지 능력이 필요하다.

1. **문제를 발견한다.**
2. **문제에 관한 정보를 분석한다.**
3. **가장 중요한 문제가 무엇인지 간파한다.**
4. **문제를 해결하기 위한 목표를 설정한다.**
5. **목표를 달성하기 위한 전략을 짠다.**
6. **전략을 구체적인 행동으로 옮긴다.**

하나라도 빠진 요소가 있으면, 계획과 다르게 의미 없는 행동을 하거나 계획을 아예 실행하지 못하는 결과를 낳을 수 있다.

업무 체크 리스트를 작성하게 되면서 사원들은 모든 일을 이 여섯 가지 관점에서 생각하는 습관을 갖게 되었다. 그러자 놀라울 정도로 업무 효율이 향상했다.

『**생각**
정리』

시키는 대로만 하는 건 일이 아니다

일본에서는 일을 仕事시고토라고 하는데, 옛날에는 할 위爲 자를 써서 爲事라고 표기했다고 한다. 그런데 에도 시대부터 섬길 사仕 자를 써서 '仕事'라고 표기하기 시작했다.

회사에 한번 입사하면 종신 고용이 당연했던 시대까지는 '섬기다'라는 의미를 가진 '仕事'가 적합한 표기였을지도 모른다. 하지만 요즘 들어 '爲事'라는 표기가 더 와 닿는 건 나뿐일까.

이제부터는 일을 누군가가 시키는 대로 따르는 것이 아니라 '목표를 이루기 위해 스스로 하는 것'이라고 인식했으면 한다. 일이란 '무언가를 자발적으로 함으로써 그 대가를 얻는 행위'라고 발상을 전환해야 한다. 그러기 위해서는 목표를 명확히 설정하여 그것을 향해 나아가야 한다.

누군가가 시키는 대로 따르는 건 주인의 명령을 받드는 것에 불과하다. 그걸 과연 즐거운 삶이라고 할 수 있을까? 보람을 느낄 수 있을까?

자신을 위해서라도 일은 '남을 위해서가 아니라 자발적으로 하는 것'이라고 생각하는 편이 좋다.

005 평론가 기질이 있는 사람은 **머리가 좋아도** **미움**받는다

'주위보다 능력이 떨어지는 것도 아니고 오히려 머리가 좋은 편인데, 왠지 모르게 상사에게 미움받는 것 같다.' 이 같은 고민은 의외로 흔하다.

그런데 실은 능력만 있으면 상사가 좋아할 거라는 생각 자체가 환상에 가깝다. 이는 상사가 부하를 질투해서 그런 것도 아니고 다루기 어려워서 그런 것도 아니다. 단지 두뇌 회전이 빠른 사람일수록 말만 그럴듯하게 하는 평론가 기질이 강하기 때문이다.

평론가는 자기 손으로 작품을 만들지 않고, 장점을 칭찬하기보다는 단점을 지적하는 데 능숙하다. 이런 부하에게 일을 맡기면 매번 "우리 회사는 판매망이 빈약해서 어려울 텐데요", "이런 불황에 그 가격이면 아무도 안 살 거예요." 하고 불가능한 이유부터 늘어놓는다.

하지만 상사의 입장에서는 일을 쉽게 하려고 요령을 피우는 거로밖에 안 보인다. **상사가 높이 평가하는 건 불리한 조건에서도 좋은 결과를 내는 사람이다.** 오히려 밑져야 본전이라는 식으로 부딪쳐보는 것이 상사에게 사랑받는 지름길이다.

006 뛰어난 **실적**이 반드시 **정리 해고**의 **면죄부**가 되는 건 **아니다**

착실히 실적을 올리고 있는 사람은 정리 해고와 무관하다고 생각할 수도 있지만, 반드시 그렇다고 단언할 수는 없다. 물론 벼랑 끝에 놓인 기업이 구조 조정을 위해 정리 해고를 시행할 때 가장 먼저 타깃이 되는 건 명백하게 실적이나 능력이 떨어지는 사람이다.

그러나 정말 아무 쓸모도 없는 사람은 극히 드물다. 따라서 일정한 인원을 해고해야 하는 경우, 실적이나 능력이 평균적인 수준이더라도 결코 안심할 수 없다.

평소에 지각이 잦고 상사에게 반항적이며, 여직원에게 성희롱을 일삼고 도박을 좋아하는 등, 아무리 실적이 좋아도 인간성에 문제가 있는 경우 요주의 인물이 된다. 기업 윤리 강령의 중요성이 점차 강조되는 가운데, 기업은 성과보다 수치로 드러나지 않는 인간성을 중시하기 시작했다.

덧붙이자면, **도덕성이 결여된 사람은 언젠가 반드시 신용을 잃게 되어 수치로도 드러나기 마련이다.** 지금 성과를 내고 있다고 해서 거만하게 행동하는 우를 범하지 말아야 한다.

007

비즈니스에서 가장 중요한 지식은 '공부'로 익힐 수 없다

최근 경쟁이 심화되고 국제화가 진행되면서 개인의 능력 강화가 요구되고 있다.

어학 공부는 기본이고 독립했을 때를 대비해서 회계나 법무 등을 공부하려고 관련 학원에 다니는 등 계획적으로 장래를 준비하는 사람도 있다.

그런데 열심히 공부하는 사람에게 찬물을 끼얹는 말일지도 모르지만, 비즈니스에서 가장 중요하고 유용한 지식은 실무 경험을 통해서만 익힐 수 있다.

아무리 장시간 책상 앞에 앉아서 공부해도 익힐 수 없는 것이 태반이다.

경험을 통해서만 손에 넣을 수 있는 '지혜' 같은 것을 말한다.

그러므로 일단 실무 현장에서 최대한 많은 지식을 흡수하려고 노력하는 게 좋다.

물론 따로 공부해야만 익힐 수 있는 지식이 불필요하다는 말은 아니다. 토익 점수를 인사 평가에 반영하는 회사도 많을뿐더러, 자신이 하고 싶은 일에 필요한 자격을 갖추는 것만큼 중요한 일은 없다.

하지만 너무 폭넓게 공부해둘 필요는 없다.

차후 1년 이내에 필요할 것으로 예상하는 기술이나 지식에 한정하여 집중적으로 공부하면 된다.

학습은 당장 필요할 때 시작해야 단기간에 효과적으로 끝낼 수 있다.

언제 도움이 될지 모르는 걸 미리 공부해봤자 절박하지 않기 때문에 집중력이 떨어져서 비효율적이다.

훗날 경영자가 되었을 때 필요하리라고 생각하는 지식 또한 그 가능성이 눈에 보일 때부터 익히기 시작해도 늦지 않다.

『생각
정리』

_____

_____

_____

_____

_____

_____

008 '명함 개수 = 인맥' 이라고 **착각**하지 마라

인맥에 관한 내 견해는 일반적인 생각과 정반대일지도 모른다.

보통은 세상 사람들이 높이 평가하는 유명인과 알고 지내는 게 좋은 인맥이라고 생각하지만, 내 생각은 조금 다르다.

내가 생각하는 '좋은 인맥'이란 자신의 약점을 보완해주는 사람이나 강점을 알아주고 향상시켜주는 사람과 가까이 지내는 것이다. 다양한 업계 사람이 모이는 교류회에 나가서 명함을 잔뜩 받아 와도 그 사람들과는 친밀한 사이가 될 수 없고 도움받기도 어렵다. 솔직히 말해, 스스로 인맥을 갈구하는 시점에서 이미 제대로 된 인맥을 형성하기는 그른 셈이다.

그렇다면, 어떻게 해야 인맥이 생길까?

인맥은 상대방이 나에게서 좋은 점을 발견했을 때 만들어진다.

내 입으로 말하기는 그렇지만, 내 경우 상대방이 나의 '바보 같을 정도로 성실한 면'을 알게 되면서 신뢰를 얻은 적이 있다.

명함을 교환할 시간이 있으면 자신의 장점을 갈고닦아라. 그러면 좋은 인맥을 얻을 기회가 훨씬 많아질 것이다.

009

직함이 아니라
성공을 목표로 하라

직장인이 승진을 목표로 삼는 건 당연한 일이다. 직함은 더 큰 성과를 내는 데 도움이 되면 됐지, 결코 방해가 되지는 않는다. 하지만 그렇다고 해서 직함만을 목표로 하면 문제가 된다.

왜냐하면, **큰일을 해내고 싶다는 열망도 없이 직함을 꿰차는 것에만 집착하는 사람은 남을 서슴지 않고 밀어내기 때문이다.**

실적이 좋지 않은 회사일수록 이런 사람이 활개를 친다. 이들은 직함을 손에 넣으려던 목표를 달성하는 순간 방어 태세에 들어간다. 자기 자리를 지키는 데만 열과 성을 다하고 큰일을 해내려는 노력은 하지 않으며, 회사에 기생할 궁리만 한다. 그래서 이런 사람이 윗자리를 차지하고 있으면 조직에 발전이 없다.

폐해는 그것뿐만이 아니다. 그들이 밀어내고자 하는 타깃은 우수한 인재다. 이것이 가장 큰 문제다. 이런 유능한 사람이 푸대접을 받거나 등 떠밀려 이직하게 된다면, 기업에 큰 타격이 아닐 수 없다.

010

영리한 **사람**에서
유능한 **사람**으로,
유능한 **사람**에서
이끄는 **사람**으로

20대 중반부터 각양각색의 사람들을 접하면서 알게 된 것이 있는데, 잠재력 있는 인재는 세 단계로 나뉜다는 것이다.

첫 번째 단계는 '**영리한 사람**'이다. 이들은 두뇌 회전이 빠르기 때문에 잠재력이 있다는 것을 한눈에 알 수 있다.

하지만 다소 거만한 구석이 있으며, 일에 관해서도 아직 '기술'이 좋은 수준에 불과하다.

왜 그런가 하면, 조정력이 없기 때문이다. 자신이 어떤 조직에 속해 있다는 관념이 부족하기 때문에 손이 닿는 범위 내에서만 능력을 발휘한다.

첫 번째 단계인 영리한 사람이 조정력을 손에 넣으면, '유능한 사람'으로 발전한다. 한마디로 '**존경받는 사람**'이 되는 것이다.

일에서도 잔재주에 불과한 '기술'이 아니라 조정력을 발휘해서 사람을 움직이는 '책략'을 쓸 수 있게 된다. 이 정도로 성장하면 한 부서의 리더를 맡길 수 있다.

그렇다면, '유능한 사람'이 나아갈 세 번째 단계는 무엇일까?

나는 **'이끄는 사람'**이라고 생각한다.

이끄는 사람이란 회사 차원이 아니라 세상에 도움이 되는 로드맵, 즉 '길'을 제시하는 사람이다.

이 단계에 도달하려면 일에 몰두하는 것만으로는 부족하다. 늘 회사와 회사 사람들을 헤아리고 사회를 위해 무엇을 해야 하는지 생각해야만 이를 수 있는 영역이다.

그렇게 생각하면 하나의 답이 나온다. **'영리한 사람'은 자기 자신만 생각하는 사람, '유능한 사람'은 부서와 회사에도 마음을 쓰는 사람, '이끄는 사람'은 널리 회사 밖까지 고려하는 사람이다.**

인간의 도량은 얼마나 많은 사람에게 책임감을 느끼느냐로 측정할 수 있다.

『생각
정리』

011

이 사람 말이라면 **들어볼** 만하다고 **여겨지는** 사람이 **되어라**

비즈니스 퍼슨Businessperson에게 가장 소중한 자산은 '신뢰 관계'다. 그 신뢰 관계라는 자산을 쌓아 올리기 위해 필요한 자질이 무엇인지 생각하다 보면, 결국 '인간성'이라는 결론에 다다르게 된다.

회사 안을 한번 둘러보라.

아무리 훌륭한 기획서를 내놓아도 '이 사람이 만든 자료는 왠지 신뢰가 안 간다', '맞는 말이지만, 도무지 저 사람 말대로는 하고 싶지 않다'라는 생각이 드는 사람이 있지 않은가?

이들은 들키지 않을 정도로만 정보를 숨기거나, 겉과 속이 다르게 행동하거나, 괜히 남의 트집을 잡는 등 어딘가 진실성이 결여된 행동을 일삼는다.

그렇다면, 어떻게 해야 신뢰 관계를 구축할 수 있을까?

신뢰를 쌓으려면, **평소 다른 사람의 말을 진지하게 듣고 솔직한 태도로 사람들을 대하는 수밖에 없다.** 잔꾀를 부리면 주위에서 모르는 것 같아도 느낌으로 다 아는 법이다.

012

인망을 얻으려면 '일류'를 끊임없이 접하라

'일 잘하는 사람'이란 비즈니스의 원리·원칙과 전문 지식을 충분히 익혀서 일에 활용하고 주위 사람들도 그렇게 할 수 있도록 독려할 줄 아는 사람이다.

하지만 일의 프로에는 더 높은 단계가 존재한다. 그것은 경영진의 자리에까지 오르는 인재, 즉 '경영의 프로'다.

유능한 사람 중에서도 경영의 프로가 될 수 있는 사람은 한정적이다. 전문 지식과 업무 노하우뿐만 아니라 인품까지 요구되기 때문이다.

경영의 프로는 쉽게 찾아보기 힘든 인망과 인덕을 갖추고 있으므로 세상의 상식에서 벗어나는 행동을 하더라도 회사 안팎으로 많은 사람이 따른다.

인품을 갖추는 지름길은 일류라고 불리는 사람과 접촉하는 것이다. 같은 분야에 존경할 만한 인물이 있다면, 직접 찾아가서 만나보라.

그리고 그 사람의 일하는 방식부터 말투, 행동, 생활 습관 등을 따라 해보는 것이다. 나는 그런 사람의 옷차림까지 흉내 내

곤 했다. 가능하면 그 사람의 눈에 들어서 친밀한 관계가 되는 것이 이상적이다.

『**생각 정리**』

013

하드 워크를 두려워하지 마라. 자신의 한계를 아는 사람은 강하다

나는 부하에게 늘 하드 워크Hard Work를 요구했다. 그것은 내가 맡은 부서의 실적을 높이기 위해서였다. 어찌 보면 당연한 일이다. 그게 리더의 본분이기 때문이다.

부하에게 지금의 두 배로 일할 것을 요구했지만, 그로 인해 정말로 두 배의 성과가 나타난 건 아니었다.

진짜 목적은 쉴 틈조차 없는 하드 워크를 통해 자신의 한계를 알게 하는 것이었다.

들은 바로, 야구 선수들이 하는 '천 번 노크'는 단순히 지구력을 키우기 위한 훈련이 아니라고 한다. 기진맥진한 상태로 공을 쫓음으로써 불필요한 움직임을 배제한 포구 자세를 몸에 익히는 훈련이다.

일도 마찬가지다. **지구력도 중요하지만, 효율적으로 일하는 것도 중요하다.** 하드 워크를 반년 정도 계속하면, 일을 빠르게 소화할 수 있는 '최적의 자세'가 몸에 익는다.

014

타인의 흠을
들추는 사람은,
결국 회사에서
버림받는다

적자 회사에 홀로 뛰어드는 경우 나는 반드시 이렇게 선언한다.

"밀고는 환영하지만, 그렇다고 우대하지는 않습니다."

재건이 필요한 회사는 대개 바람이 통하지 않아서 곰팡이와 해충의 온상이 된 낡은 집과 같은 상태다.

그러므로 어디에 곰팡이가 슬었고 해충이 있는지, 다시 말해 어디에 부정부패와 경영 악화의 원인이 숨어 있는지 알아야만 그 '집'을 되살릴 수 있다. 그러나 그 정보 제공자를 우대하면 서로 일러바치는 분위기가 팽배하게 된다.

어떤 회사든 일러바치기를 좋아하는 사람이 있다. 타인의 흠을 들춰내서 자기 자리를 확보하려는 사람이다. **특히 상태가 안 좋은 회사일수록 실적이 좋지 않은데도 높은 사람 옆에 붙어 거들먹거리는 사람이 많은 법이다.** 실은 이런 사람들이야말로 '해충'이다. 이들을 우대하면 사내에 불안감을 조성할 뿐만 아니라 정말 우수한 인재가 박탈감을 느껴 다른 회사로 빠져나가기 쉽다.

015　썩은 사과는
상자에서
꺼내라

매출이 오르지 않는 이유를 불황 따위의 환경 탓으로 돌리는 사람이 있다. 내가 봐온 실적이 좋지 않은 회사는 대부분 그런 경영자와 간부로 가득 차 있었다.

그러나 불황 속에서도 실적이 빠르게 개선되는 회사가 있다. 이런 회사의 공통점은 '사내에 불평이나 불만이 적다'는 것이다.

왜 그럴까?

그것은 불평이나 불만을 늘어놓을 겨를도 없이 일에 몰두하는 사원이 많기 때문이다.

불평이나 불만은 사실 일이 없는 사람에게서 나오는 법이다. 그런 한가한 사람이 간부 자리를 꿰차고 있는 회사는 더더욱 위험하다.

'전설의 경영자'라고 불리는 제너럴 일렉트릭GE의 전 CEO 잭 웰치Jack Welch의 말대로, "썩은 사과는 상자에서 꺼내지 않으면 다른 사과까지 썩게 만든다."

016

범인 찾기는
사업에 **도움**이
되지 **않는다**

일이 잘 안 풀릴 때 사람은 자기가 한 일은 생각하지 않고 다른 곳에서 원인을 찾으려고 한다. '애초에 상사의 전략이 잘못되었다', '모 직원이 거래처 사람에게 쓸데없는 말을 해서 그렇다'라는 식으로 어떻게든 범인을 찾으려고 애쓴다.

그러나 범인을 찾아봤자 아무것도 바뀌지 않는다는 걸 모르는 사람이 많다. **이미 무산된 거래나 떨어진 실적은 범인을 색출한다고 되돌릴 수 있는 것이 아니다.**

오히려 범인으로 지목된 사람을 미워하고 자신을 연민하면서 부정적인 에너지만 쌓일 뿐이다.

그럴 때는 차라리, 이건 일시적인 시련일 뿐이라고 마음을 다잡는 편이 낫다.

그러면 다음 거래에서는 어떤 점을 유의해야 할지, 현재 부족한 부분을 어떻게 보완해야 할지 구체적인 대책을 세우는 데 주의를 기울이게 될 것이다. '과거보다는 미래가 중요하다'는 발상이 행복을 가져다준다.

017 반짝반짝하게 닦아놓은 **화장실**은 절대 더러워지지 않는다

서비스가 좋기로 정평이 난 어느 골프장에 갔을 때의 일이다. 꽤 오래된 건물인데도 화장실이 무척 깨끗해서 마침 근처에 있던 지배인에게 이렇게 말했다. "화장실이 아주 반짝반짝하네요. 노고가 대단하십니다." 그러자 그는 이렇게 대답했다. "아니에요. 늘 깨끗하게 해두면, 손님 여러분이 깨끗하게 사용해 주시니까 제가 오히려 감사하죠."

확실히 화장실이 지저분하면 어차피 지저분하다는 핑계로 쓰레기를 버리거나, 자신의 옷을 더럽히지 않기 위해 무리한 자세를 취하다가 괜히 더 더럽히기도 한다.

이는 비단 화장실에만 해당하는 이야기가 아니다. 일할 때의 마음가짐도 그렇다.

항상 마음 구석구석까지 깨끗하게 유지하면, 달콤한 말로 꾀려는 자들이 얼씬도 못 하게 된다.

오히려 그 청렴함에 주위가 감화되어 당신을 진지한 태도로 대하게 될 것이다.

018

인원을
늘려달라고
말하기 전에

일손이 부족하니 당장이라도 인원을 늘려달라고 재촉하는 사람이 있다. 바쁜 건 알겠지만, 그럴 때 한 번쯤 생각해봤으면 하는 것이 있다.

· 증원하면 이익이 나는가, 현상 유지인가.
· 증원하지 않으면 어떤 손해가 발생하는가.
· 이익이 나지 않는다면, 혹시 불필요한 일에 매달리고 있지는 않은가.

이러한 점들을 따져보고 해야 할 일과 하지 않아도 되는 일을 명확히 하는 것이다. 사업에 관여할 때는 반드시 '매출이 얼마나 되고 비용은 얼마나 되는지' 따져봐야 한다. 당신이 지휘하는 부서 사람들은 모두 이러한 의식을 가지고 있는가?

구성원의 질을 향상하면, 소화할 수 있는 일의 질과 양이 모두 개선되어 현 체제 그대로 이익을 끌어올릴 수 있다. 현재의 방식에 안주하지 않고 개선과 개혁을 단행하여 성장을 통해 실적을 올리는 사람이야말로 '이익을 창출할 수 있는 사람'이다. 이처럼 노력을 아끼지 않는 사람은 어떤 시대가 와도 살아갈 수 있다.

『생각
정리』

제2장

변화를 내다보고 이익을 창출하는 자가 살아남는다

'1원이라도 더 벌고 1원이라도 비용을 줄여서 무슨 일이 있어도 이익을 낸다.' 이런 각오가 없으면, 개인도 기업도 살아남을 수 없다. 당신은 이익에 관해 올바른 사고방식을 가지고 있는가? 만들어내는 상품이 아무리 훌륭하고 번듯해도 이익이 나지 않으면 가치가 없다. 그러므로 어떤 악조건 속에서도 끝까지 이익을 생각하는 사람, 파는 노하우를 잘 아는 사람만큼 믿음직한 존재는 없다.

019

이익을 내야 한다는
발상이 **결여된**
사람이 **의외로 많다**

이전에 되살린 어느 제조 회사에서 있었던 일이다. 판매 촉진을 위해 매장 앞에서 행사를 개최하게 되었는데, 행사의 성공과 실패는 주부층을 얼마나 끌어모으느냐에 달려있었다.

담당자에게 전달받은 계획서는 얼핏 보기에 완벽해 보였다. 집객 방법부터 우천 시 대처 방법까지 꼼꼼히 짜여있었다.

하지만 그 계획서에는 '매출에 얼마나 공헌할 수 있는지'에 관한 내용이 어디에도 적혀있지 않았다.

말도 안 되는 이야기 같지만, 이익을 내야 한다는 발상이 완전히 결여된 '공무원형 비즈니스 퍼슨'이 생각보다 많다.

그리고 그들은 대부분 자신이 그렇다는 걸 전혀 인지하지 못한다. 특히 적자 회사에서 사원들에게 이런 기획서를 제출하게 하면, 이익에 관한 언급을 찾아볼 수 없는 보고서가 반 이상이다. 항상 '얼마나 벌 수 있느냐'를 염두에 두는 것이 비즈니스의 기본이다.

020

이익이 어떻게 생겨나는지 아는 사람은 강하다

회사는 당연히 수익에 민감해야 한다.

하지만 나는 수익을 무시한 경영으로 실적이 악화된 기업을 수도 없이 봐왔다. 경영자조차 그런데 일반 사원들은 어떻겠는 가. 보통 회사 내에서 사원의 70%는 이익에 별 관심이 없다. 이 익을 내는 데 진지한 건 극소수의 몇몇뿐이다.

위에서 시키는 대로 고분고분 따르면, 저절로 이익이 나는 그 런 시대는 이미 지났다.

사원 한 사람 한 사람이 '1원이라도 더!'라는 마음가짐으로 이 익에 집착하지 않으면, 실익을 창출하기 어렵다.

그래서 나는 기업의 재건을 맡게 되면, 우선 전 사원을 모아놓 고 '이 회사는 어떤 방법으로 이익을 내야 하는지' 거의 세뇌에 가까운 방식으로 이해시킨다.

021

일의 보수는 일.
이익을 내야
다음 일이 들어온다

이 말은 내가 아직 30대 초반이던 시절, 어느 외국계 기업에서 프로젝트 매니저를 맡아 매일같이 업무에 쫓기고 있을 때 상사가 해준 말이다.

그 당시 나는 어떤 식품 관련 마케팅을 담당하고 있었다. 프레젠테이션을 다섯 번이나 했지만, 기획이 하나도 통과되지 않았다.

이게 마지막이라는 생각으로 밤을 새워 필사적으로 기획안을 짜낸 결과, 마침내 제안이 승인되었다.

그 상품은 그 후 대히트를 기록하여 회사의 매출에도 크게 공헌했다.

그런데 그때부터 온갖 일이 내 앞으로 몰려들기 시작했다.

그러자 상사가 나를 불러 **'일의 보수는 일이다'**라는 말을 해줬다. 당연하고 단순한 말이지만, 지금도 마음속에 묵직하게 남아있다.

'좋은 사람이다.' '성실하다.' '머리가 좋다.'

이런 것만으로 먹고살 수 있을 만큼 비즈니스는 만만하지 않다.

어떤 일을 잘 해냈기 때문에, 잘 팔리는 물건을 만들어 회사에 공헌했기 때문에 다음 일이 들어오는 것이다.

일이란 하늘에서 뚝 떨어지는 게 아니다.

어디까지나 '일의 보수는 일'이다.

고객이나 거래처를 만족시켜 이익이라는 형태로 자사에 크게 이바지했기 때문에 다음 일을 맡을 수 있는 것이다.

그렇게 끊임없이 일하다 보면, 자신은 물론 주위 사람들의 생활도 윤택해진다.

『생각
정리』

_____

_____

_____

_____

_____

_____

_____

022

돈으로 **고생**하라.
그리고
돈에 **집착**하라

우리 집은 대대로 목재상을 했다. 형이 가업을 이었기 때문에 나는 장사에 관여하지 않았지만, 상인 집안에서 자란 탓인지 '돈은 한 푼이라도 소중하다'는 인식이 은연중에 자리 잡은 모양이다.

사회에 나와서 의외라고 느낀 게 있는데, 회사원이라는 인종은 생각보다 한 푼 한 푼에 무감각하다는 것이다. 회사원 집안에서 자란 동료들은 특히 '1원이라도 싸게 사들이고 1원이라도 경비를 아껴서 1원이라도 비싸게 판다'는 사고 회로와 행동력이 결여된 경우가 많았다.

비즈니스의 근본은 조금이라도 자신에게 유리한 조건을 끌어내서 조금이라도 더 많은 이익을 얻는 것이다. 그러니까 **일부러 '1원에 울고 1원에 웃는 체험'이라도 해서 금전 감각을 키웠으면 한다.** 같은 회사원 집안 출신이라도 하숙 생활을 하며 고생스럽게 공부한 사람은 금전 감각이 뛰어나다.

주말에 배우자와 함께 장을 보러 가는 것만으로도 금전 감각이 길러진다. 반드시 '1원의 무게'를 몸소 깨닫길 바란다.

023

이익을 내는
시스템을
만들기 위한
입버릇

상사라는 위치에 있다 보면, 자사를 좋은 회사로 만들기 위해 앞장서야 하는 일이 많다. 하지만 조직이란 그리 만만치 않다. 서로 끌어내리기 위해 물고 늘어지는 건 일상다반사다. 실제로 승진하면 할수록 무기력감을 느끼는 사람도 많다. 하지만 이익을 내는 시스템을 만들고자 한다면 단호하게 밀고 나가야 한다.

그럴 때 나는 이런 말을 입버릇처럼 외곤 한다.

- **인기에 연연하지 마라.**
- **주저하지 마라.**
- **주눅 들지 마라.**
- **일에 진지하게 임하라.**
- **의연한 태도를 유지하라.**
- **끈기 있게 밀고 나가라.**

리더에게는 개혁을 단행하는 결단력, 그것을 실행하는 강한 의지, 결과에 대한 각오가 필요하다. 더불어 명확한 개혁 목표를 부하에게 설명하고, 그것을 달성했을 때 어떤 전망이 있는지 제시해야 한다.

『생각
정리』

024 고객이 대금을 지급하면, 반드시 감사의 말을 전한다

　고객이 돈을 입금했을 때 감사의 말 한마디 하지 않는 무신경한 영업 사원이 증가하고 있다.

　이런 현상의 주된 원인은 온라인 결제의 보급이라고 생각한다. 예전에는 영업 사원이 직접 외상 매출금을 회수하러 다니는 게 보편적이었기 때문에 모두가 대금 회수의 중요성을 알고 있었다. 더불어 거래처의 주머니 사정도 속속들이 파악할 수 있었다.

　그런데 온라인 결제가 보급되고 조직의 효율화가 이루어지면서 판매와 외상 매출금 회수 담당자를 따로 두는 회사가 늘어났다. 그 때문인지 송금하겠다는 약속을 받으면 일이 끝난다고 생각하는 영업 사원이 급증하게 되었다.

　그런 영업 사원은 회수를 고려하지 않고 매출 장부에 기록된 숫자를 높이는 데만 힘을 쏟는다. 다소 지급이 늦어지더라도 숫자만 높이면, 그것이 곧 실적이 된다는 착각에 빠지기 쉽다.

　현금화가 이루어져야 비로소 거래가 마무리된다. 이 비즈니스의 대원칙을 잊지 말아야 한다.

025

사업에서 가장 중요한 것은 상대방의 지급 능력 파악이다

다시 한번 말하지만, 영업이란 거래처에 상품을 팔고 청구서를 보내면 끝이 아니다.

실은 이런 유형의 영업 사원만큼 회사에 위험한 존재는 없다.

그 이유는 거래 상대방의 지급 능력을 신경 쓰지 않기 때문이다. 물론 일이 순조롭게 진행될 때는 이 문제가 겉으로 드러나지 않는다.

하지만 방심하기는 이르다.

불경기가 닥치면 지급이 미뤄지거나 아예 돈을 못 받게 될 수도 있다. 이것은 실점으로 직결되는 함정이므로 반드시 주의해야 한다.

나는 예전부터 고객을 지급 능력에 따라 다섯 단계로 분류했다. 지급이 한 달이라도 늦어진 적이 있는 곳은 그 자리에서 현금을 지급하지 않으면 상품을 넘겨주지 않는 게 기본이었다. **항상 거래처의 대금 지급 현황에 주의를 기울이고, 그에 따라 알맞게 대응하는 것이 중요하다.** 돈 나올 구멍이 없는 곳에서 돈을 회수하는 게 비즈니스에서 가장 어려운 일이기 때문이다.

026 시장 조사를 통해 자사를 유리한 방향으로 이끄는 전략을 펼쳐라

어느 시대든 경영 환경은 반드시 변화한다.

경쟁에서 이기는 전략을 세우려면, 자사의 전략가들로 하여금 시장 조사에 관한 지식을 쌓게 해야 한다.

그렇지만, 꼭 조사의 전문가를 육성해야 한다는 뜻은 아니다. 조사를 통해 과제를 찾아내서 '자사를 유리한 방향으로 이끌 수 있는' 전략가를 육성해야 한다는 것이다.

다음은 내가 전략가를 육성하기 위해 사원들에게 지도해온 내용이다. 전략적 관점에서 기업 실적의 변동을 탐색하여 전략 수립 능력을 강화하는 방법이다.

1. 전략 담당자는 무엇을 알고 싶은지 명확히 밝혀
   '조사 제안서'를 작성한다.
2. 조사 결과가 무엇을 의미하는지 분석한다.
3. 조사 결과를 행동에 반영한다.
4. 고객이 진짜 원하는 게 무엇인지 파악한다.
5. 이익 증대의 씨앗은 실무 현장에 있음을 잊지 않는다.

027

최소 투자로
최대 이익을
노리면
안 되는 이유

시장의 경쟁이 치열해지면, 기업들은 비용 삭감에 매달리기 시작한다. 물론 이익을 확보하기 위해서 비용 삭감은 필수적이다.

그런데 비용을 삭감한 결과 오히려 매출이나 이익이 떨어지는 경우도 드물지 않다. 접대를 금지했다가 대규모 거래처를 잃기도 하고, 인건비를 절감하기 위해 정리 해고를 한 뒤 그 자리를 아르바이트로 채웠다가 현장이 혼란에 빠지기도 한다. 이처럼 주객이 전도된 비용 삭감 사례는 일일이 셀 수 없을 정도다.

비용 대비 효과를 강조하며 최소 투자로 최대 이익을 얻으려고 하는 건 올바른 생각이 아니다. 어디까지나 '**최대 이익을 얻기 위해 필요한 투자를 최대로 실시한다**'는 발상에서 출발해야 한다.

기업이 1순위로 생각해야 하는 건 비용 삭감이 아니라 '이익'이다. 나는 줄일 수 있는 비용은 철저하게 줄이는 동시에 도매상들을 하와이 여행에 초대하는 등 업계가 놀랄 만한 대담한 투자도 아끼지 않았다.

028

왜 **비용 삭감**에만 매달리면 **이익**을 얻을 수 **없을까?**

왜 최소 투자로 최대 효과를 얻으려 하면 안 되는지 구체적으로 생각해보자.

당신이 영업 사원이라고 가정했을 때, 비용 절감을 1순위로 생각하는 경우 발로 뛰는 영업은 일절 하지 않고 기존 거래처를 상대로 루트 영업만 하면 된다. 교통비도 덜 들고 체력과 시간도 절약되므로 불필요한 비용을 줄일 수 있다. 그러나 몸이 편한 만큼 당연히 영업 실적도 떨어진다.

그렇다면, 이번에는 '최대 이익을 얻기 위해 필요한 투자를 최대로 실시한다'는 자세로 영업을 한다고 가정해보자. 우선 기존 거래처 쪽의 실적을 유지하면서 시간을 내려면 어떻게 해야 할까? 매일 하던 거래처 방문을 이틀에 한 번으로 줄이고 전화로 해결 가능한 건 전화로 해결한다. 또 수주 시스템을 간소화하는 등 효율화를 진행한다. 그렇게 확보한 시간을 신규 거래처 개척에 사용하는 것이다.

비용 삭감의 무서운 점은 부실한 일 처리를 유발한다는 점이다. 아무것도 안 하는 게 낫다는 발상은 경영자에게도 사원에게도 치명적이다.

029

비용을 **삭감**하여 **수익력**을 **높이**는 **두 개**의 **키워드**

500억 원의 적자를 안고 있던 니콘 에실로에서 비용을 삭감하기 위해 실행한 방법은 **'총량 규제'**와 **'영 기준 예산 제도'**다.

'총량 규제'란, 비용을 항목별로 따지지 않고 총량을 초과하지 않도록 규제하는 것으로, 제조비 삭감에 효과적이다. 재미있게도 인간은 30일 동안 매일 5,000원으로 점심을 해결하게 하는 것보다 15만 원을 주고 한 달간 알아서 쓰게 하는 것을 선호한다. 후자가 마음도 편하고 이렇게 저렇게 궁리하는 재미도 있기 때문이다. 즉, 현장의 재량에 맡김으로써 직원들의 사기를 높게 유지하는 것이다.

'영 기준 예산 제도'란 전 미국 대통령 지미 카터Jimmy Carter가 고안한 기법으로, 예산안을 짤 때 전년도 예산을 고려하지 않고 0을 기준으로 1부터 각 부문에 예산을 할당하는 것이다. 이듬해 예산을 확보하기 위해 연말에 갑자기 불필요한 공사를 하는 등의 낭비가 줄어들 뿐만 아니라, 예산을 꼭 필요한 곳에 제대로 할당하게 되므로 매출에 악영향을 끼칠 일이 없다.

니콘 에실로에서는 이 두 가지 방법으로 제조 부문에서 20%, 영업 및 일반 부문에서 30%의 비용을 삭감했다.

『생각
　정리』

030 일 잘하는 사람은 시간을 효율적으로 사용한다

사장 자리에 있을 때 나는 종종 사무실 안을 돌아다니며, 일 잘하는 사람의 공통점을 연구했다.

많은 요소가 있지만 그중 하나를 소개하자면, **일 잘하는 사람은 '시간 활용'에 능하다.** 학창 시절 공부할 때도 느낀 거지만, 이런 사람들은 집중력이 남다르다.

내가 존경하는 트라이엄프 인터내셔널 재팬의 전 사장 요시코시 고이치로吉越浩一郎는 19년 연속 증수 증익을 달성한 사람이다. 그는 사내에 '집중 시간'이라는 놀라운 제도를 도입했다. 이것은 오후 중 두 시간 동안 아무 말도 하지 않고 전화도 받지 않으며, 집중력을 발휘해서 일을 끝내는 제도다. 이 제도를 도입한 이후 트라이엄프에는 야근이 사라졌다. 그전까지 한 시간 걸리던 일을 15분 만에 끝낼 수 있게 되었다고 하니, 그 효율은 무려 네 배에 달한다.

요시코시 고이치로가 강조하듯이 일 잘하는 사람, 이익을 창출하는 사람이 되기 위해서는 시간을 효율적으로 사용해야 한다.

031

장사가 번창하려면, **고객 명부**보다 **경쟁사 명부**가 필요하다

자주 가는 바의 주인에게 재미있는 이야기를 들었다. 바 운영에는 고객 명부보다 경쟁 업체 명부가 훨씬 더 중요하다는 것이다.

일반 회사에서는 아무리 경쟁사의 동향이 신경 쓰이더라도 경쟁사와의 적극적인 교류는 피하는 것이 보통이다.

그런데 바 같은 요식업계에서는 많은 경쟁 업체와 교류하는 가게가 번창한다고 한다. 매입처에 관한 정보나 경영에 도움이 되는 노하우를 얻을 수 있고, 신메뉴에 관한 상담이나 직원 보충이 필요할 때 도움을 청할 수 있기 때문에 교류에 개방적인 가게일수록 매출이 오른다고 한다. 경쟁 업체끼리 서로의 가게에 손님으로 드나드는 것이 의외로 장사 번창에 도움이 되는 것이다.

동종 업계 사람과 꾸준히 교류하면, 자신의 가게에 무엇이 부족한지 바로바로 알 수 있다. 이익을 내기 위해서는 손님의 마음을 헤아리는 것도 중요하지만, 자신의 부족한 점을 아는 것도 중요하다.

제3장

젊을 때는 **실패**를 **두려워**하지 말고 **일**의 **기초**를 익혀라

신입 시절에 나는 직업인으로서 맹세한 것이 있다. '절대로 패배자는 되지 않겠다.' 그래서 항상 독립심을 가지고 일에 매진했다. 여차할 때 의지할 수 있는 건 자기 자신뿐이기 때문이다. 불황이 계속되면 실패를 두려워하게 되는 법이다. 회사가 위험에 빠지면, 자기 자신도 위태로워질 수밖에 없다. 그래도 뒤를 돌아보면 안 된다. 실패를 두려워하지 말고 일의 기본기를 몸에 익혀 정공법으로 돌진하라.

032

20대에
알아야 할
'끈기의 중요성'

최근 근로 문화 개혁이 주목받으면서 '장시간 일하는 건 무조건 나쁘다', '자신에게 꼭 맞는 일을 찾아야 한다'라고 생각하는 젊은 이가 많아진 것 같다. 하지만 좋은 결과를 내려면 장시간 노력은 필수이며, 자신에게 꼭 맞는 일이란 애초에 존재하지 않는다.

예전에 입사한 지 3년 정도 된 젊은 부하 직원에게 들은 이야기다. 대학 시절 그는 학교 축구부 주장에게 이런 질문을 던졌다. "선배처럼 몇 ㎞를 달려도 지치지 않으려면 어떻게 해야 하나요?"

그러자 선배는 이렇게 대답했다. **"무슨 일이든 그냥 견디는 수밖에 없어."**

그 부하는 젊은 세대에서는 드물게 주말 출근도 마다하지 않고 뚝심 있게 일하는 청년이었다. 그 성실함의 근원은 선배가 가르쳐 준 '끈기'였을 것이다. 예상대로 그는 훗날 최연소로 부장 자리에 올랐다.

젊을 때는 기술을 갈고닦는 것도 중요하지만, 끈기를 기르는 게 먼저라고 생각하게 된 일화다.

033 일에 대한 **의욕**을 **높이기** 위해 **생각**해 볼 것

20대 신입 사원들에게 무엇을 위해 일하느냐고 물어본 적이 있다. 생활을 위해, 돈을 위해, 가족이나 연인을 위해, 미래를 위해 또는 취미를 위해 일한다는 대답이 많았던 것으로 기억한다.

어느 정도 예상했던 대답이지만, 나로서는 '일이 재미있어서'라거나 '보람을 느끼기 위해서'라는 대답을 기대했다.

어떤 부서에서 어떤 일을 하든, 거기서 재미를 발견해 두근거리는 마음으로 일하지 않으면 성장하기 어렵다.

어느 적자 기업에 사장으로 있었을 때, 영업부에서 열심히 일하던 과장을 창고 상품 관리부로 이동시킨 적이 있다. 처음에는 영 못마땅한 눈치였다. 주위에서도 다들 좌천이라고 생각하는 모양이었다. 하지만 그는 재고 정리를 효율화하는 업무에 재미를 붙여 실적에 크게 기여했고, 부서에서 촉망받는 인재가 되었다. 이 사례만 보더라도 **'일에서 재미를 발견하는 사람'이 성공한다는 것을 알 수 있다.** 현재 본부장 자리까지 올라간 그는 앞으로가 더 기대되는 인재로 꼽히고 있다.

034 인생을 **흑자**로 **전환**하여 **한발** 앞서 **나가라**

'일한 만큼 성과가 나오지 않는다. 상사나 업무 운이 없다. 월급이 적다. 보너스도 줄어들고 연봉도 계속 떨어지기만 한다.' 자신의 인생이 마이너스의 연속이라고 해서 이처럼 그런 현상을 주변 환경이나 경기, 회사 탓으로 돌리는 사람이 있다.

설령 주변 환경 때문에 인생이 적자가 되었더라도, 우직하게 자기 할 일을 계속하면 언젠가 반드시 흑자로 전환할 수 있다. 다음은 인생을 흑자로 만들기 위해 알아둬야 할 일곱 가지 항목이다. 내가 매년 수첩에 적어놓고 확인하는 내용이다.

1. 모든 일은 '하느냐, 하지 않느냐'에 의해 정해진다.
2. 일을 즐기는 사람이 끝까지 살아남는다.
3. 조금 어설프더라도 성실하게 일한다.
4. 반성이 있어야 앞으로 나아갈 수 있다.
5. 문제가 생기면 어떻게든 해결책을 찾아내라.
6. 필살기를 익혀라. 한 가지에 뛰어난 사람이 성공한다.
7. 반드시 살아남겠다는 집념을 가진다.

035

악순환을 끊어내는
최고의 약은
성공 경험이다

내가 니콘 에실로를 다시 일으켜 세우는 데 성공했을 무렵, 같은 건물에서 일하던 적자를 극복하지 못한 자회사 직원들은 복도에서도 가장자리로만 걸어 다녔다. 니콘 에실로 직원들은 흑자 전환에 성공하여 우리도 할 수 있다는 자신감을 얻은 것에 비해, 자회사 직원들은 해봤자 소용없다는 생각에 빠졌던 것이다.

악순환을 끊어내는 가장 좋은 치료 약은 '성공 경험'이다.

다만, 요즘은 아주 작은 성공도 거두기 어려운 시대다. 이럴 때는 큰맘 먹고 성공한 사람이나 실적 좋은 회사를 따라 해보는 게 좋다. 복도 가장자리로 걸어 다니는 건 그만두고 큰 소리로 당당하게 이야기하는 것이다. 이렇게만 해도 긍정적인 에너지가 생긴다.

일단 기분을 전환하면 일에 임하는 자세도 달라지므로 좋은 결과가 나온다.

노력해도 좋은 결과가 나오지 않을 때가 있다. 그럴 때일수록 근거 없는 자신감이라도 좋으니 당당하게 행동해라.

그것이 상황을 타개하는 열쇠가 된다.

036 내가 **적자 회사**에서 **실천해온 열 가지**

적자 회사를 일으켜 세울 때 사원들에게 입에 침이 마르도록 되풀이하는 말이 있다.

1. 도망치지 말고 정면으로 맞서라!

2. 항상 온 힘을 다해서 일에 임하라!

3. 실패의 원인을 철저하게 파악하라!

4. 일류와 이류의 차이는 사소한 것을 놓치지 않는 안목이다!

5. 절대 실패를 두려워하지 마라!

6. 실수를 밑거름으로 삼는 대담함을 지녀라!

7. 진 채로 끝내지 말고 이길 때까지 싸워라!

8. 끊임없이 생각하라!

9. 깊이 생각하라!

10. 살고 싶다면 자신에게 엄격해져라!

이것은 적자 회사를 살릴 때뿐만 아니라 살아가는 데도 꼭 필요한 자세다. 모두 어린 시절에 배운 것들이다.

젊은이들이 꼭 마음에 새겼으면 한다.

037

스트레스를 받지 않으려면 세세한 부분까지 신경 써라

매일 스트레스를 받는 이유는 바로 '걱정'이 깊고 많기 때문이다. 이를테면 이런 것이다.

'그 서류, 다시 확인하지 않고 제출했는데 빠진 건 없겠지?', '내일 약속, 낮에 전화 한 통 넣어서 확인해둘 걸 그랬나?', '오늘이 입금일이었는데 거래처에서 제대로 입금했으려나?'

바쁘다는 핑계로 대충대충 일하는 사람일수록 이런 사소한 걱정이 쌓이고 쌓여 큰 스트레스가 된다.

그러므로 **스트레스를 해소하는 방법은 고지식할 정도로 꼼꼼하게 일하는 것밖에 없다.**

일을 대충 하는 버릇을 고치지 않고 지내다 보면, 돌이킬 수 없을 정도로 큰 실수를 저지를 수 있다. 스트레스에 시달리는 건 무의식적으로 '이대로 가면 언젠가 큰 실수를 할지도 모른다'는 불안감을 느끼기 때문이다. 그 불안감이 바로 '위험 신호'다.

038

꺾이지 않는 **강인함**을 지니게 해주는 **여섯 가지 마법의 말**

남이 무언가 해주기를 기대하지 말고, 다음 여섯 문장을 마음속에 새겨라.

1. 어떤 행동을 취할지 항상 생각하라!
2. 최선을 다한 뒤에는 운명에 맡기는 수밖에 없다!
3. 밑져야 본전이다. 부서질 각오로 부딪혀라!
4. 꿈이 있으면 내일도 있다!
5. 내면부터 갈고닦아라! 외면은 나중에 신경 써도 충분하다.
6. 있는 그대로의 모습으로 맞서 싸워라!

힘든 일이 있을 때, 누군가에게 의존할 게 아니라 우선 이 여섯 문장을 곱씹어보라.

죽이 되건 밥이 되건 의존심을 버리고 제 발로 걷는 것이 중요하다.

039

고난을 뛰어넘으면 **강한 정신력**을 손에 넣을 수 있다

내 일은 도산 위기에 놓인 회사를 다시 일으켜 세우는 것으로, 상당한 에너지가 필요한 일이다. 경영진을 앞에 두고 기존 경영 방식의 결점을 지적하기도 하고, 사원들을 독려해서 일하는 방식을 송두리째 바꾸기도 한다. 이것은 주위에 적을 만들 수도 있는 작업이라서 압박감도 이만저만이 아니다.

내가 이런 압박감을 견뎌낼 수 있는 건 수없이 고난을 극복하면서 강인해졌기 때문이다.

헬스 트레이너가 말하기를, 근육이라는 건 운동 후에 반드시 그 일부가 끊어진다고 한다. 그리고 끊어진 근육을 복원하는 과정에서 그전보다 조금 더 강해진다. 보디빌더의 멋진 근육도 근육에 조금씩 상처를 내서 만든 것이다.

상처를 입을수록 강해지는 건 정신력이나 근육이나 마찬가지다. 두려움을 떨쳐내고 당당하게 맞서면, 고난이 닥쳐도 끄떡없는 정신력을 손에 넣을 수 있다.

040

'어떻게든 되겠지!' 하고 **단순**하게 **생각한다**

아직 내가 30대 중반이었을 때의 일이다. 대형 외국계 기업에서 프로젝트 매니저로 일하던 중, 기획에 어려움을 겪고 있었다. 성과를 내는 것에 얽매여 눈앞의 일에 집중하지 못했기 때문이다.

그로 인해 심하게 스트레스를 받아서 한때 60kg이었던 체중이 45kg까지 줄어들었다. 한 2년 동안 수면제를 먹지 않으면 잠도 잘 수 없었다. 끝끝내에는 출근을 거부하기에 이르렀다.

그런데 어느 날 갑자기 이런 생각이 들었다. 이러고 있어봤자 소용없다. 복잡하게 생각할 필요 없다. 단순하게 생각하자.

다시 말해 '어떻게든 되겠지!' 하고 훌훌 털어버린 것이다. 말 그대로 '케 세라 세라'다.

그때부터 새로운 마음가짐으로 살기 시작했더니 일도 술술 풀리게 되었다. 힘들 때일수록 결과에 연연하지 않고 단순하게 생각하는 것이 중요하다.

041

실패로부터 무언가를 배우는 사람은 위대하다

이직자 면접을 할 때 가장 중시하는 것은 '성공 경험'이다. 그리고 두 번째 채용 기준은 '실패 경험'이다. 성공한 적도 실패한 적도 없는 사람은 일단 채용하지 않는다.

과거 혼다에는 '실패 표창'이라는 제도가 있었다. 가장 대단한 실패를 한 사람에게는 상금을 줄 정도였다. 농담이 아니라 실제로 있던 제도다.

왜 그런 제도가 있었을까?

내가 생각하기에 그 이유는 두 가지다. 첫 번째는 실패를 두려워하지 않고 도전하는 인재를 키우기 위해서다. 그리고 두 번째는 그 방식이 틀렸다는 것을 깨닫게 하기 위해서다. 즉, **'한 번 겪은 실패를 두 번 겪지 않도록'** 하는 것이다.

내가 실패 경험이 있는 사람을 높이 사는 건 바로 이 두 가지 이유에서다. 실패하지 않으려고 몸을 사리는 사람에게 중요한 일을 맡기는 것보다 실패의 아픔을 한 번이라도 겪어본 사람에게 맡기는 편이 훨씬 안심되기 때문이다.

042

반성이 있어야 **앞으로** 나아갈 수 있다

내가 아직 20대였을 무렵 나보다 정확히 10살 많은 선배가 있었는데, 사내에서 수완이 좋기로 유명한 최연소 과장 S 씨였다. 나는 S 씨와 친해지고 싶었고 그 바람이 이루어져 함께 식사하게 되었다.

그때 S 씨가 이렇게 말했다.

"하세가와 씨는 매일 일과를 마치고 그날 하루에 대해 반성을 하나요? 그날 있었던 좋은 일, 나쁜 일 모두 돌이켜보고 반성하는 시간을 가져야 더 나은 내일을 맞이할 수 있어요. 반성이 있어야 앞으로 나아갈 수 있는 법이죠."

그리고 오른쪽 페이지에 있는 하루를 되돌아볼 때 체크할 항목 여덟 가지를 알려줬다.

그날 이후 나는 '하루에 대한 반성'을 습관화했고, 그 덕분에 업무의 질과 속도가 두 배로 향상했다.

1. 오늘 배운 것은 무엇인가?

2. 오늘은 어떤 아이디어가 떠올랐는가?

3. 오늘 일에 방해가 된 건 무엇인가? 그 원인은 무엇인가?

4. 오늘은 목표 달성을 위해서 얼마나 전진했는가?

5. 동료나 부하가 오늘의 나를 평가한다면 몇 점일까?

6. 오늘은 어떤 기분, 어떤 마음으로 하루를 보냈는가?

7. 기뻤던 일, 슬펐던 일은 무엇인가?

8. 오늘 몸 상태는 어땠는가? 나빴다면 원인은 무엇인가?

간단하지 않은가?

오늘부터 매일 실천해보길 바란다.

『생각
정리』

043 패배를 인정하고 바로 재도전하라

현대의 기업은 고시엔에서 열리는 고교 야구 대회처럼 토너먼트전을 펼치고 있다. 프로 야구나 J 리그처럼 '오늘은 졌지만, 내일 이기면 순위를 유지할 수 있는' 느긋한 상황이 아니다. 지는 순간 모든 게 끝이다. 단 하나의 승자만 남고 나머지는 모두 패자가 된다.

이런 환경에서는 누구나 본의 아니게 패배자가 될 수 있다.

그럴 때 그저 운이 나빴을 뿐, 시간이 지나면 형세도 바뀔 거라며 상황의 호전을 기다리는 것은 더 큰 해를 입는 지름길이다. 마치 언덕에서 넘어졌을 때 중력에 몸을 맡기는 것과 같다. 브레이크를 걸지 않으면 끝없이 내리막길로 굴러떨어진다.

지금 자신이 내리막길에 있다고 느낀다면 한시라도 빨리 그 흐름을 멈춰야 한다. 밑으로 떨어지면 떨어질수록 정상에서 멀어지고 의욕도 사라진다. 다시 오를 수 없을 만큼 떨어지기 전에 다시 한번 정상을 향해 발을 내디뎌야 한다.

044

"네버 기브 업!" 포기하기 전에 이 말을 세 번 외쳐라

지금까지 살려낸 2,000곳 이상의 회사는 수백만 원 정도의 적자부터 수백억 원 이상의 방대한 부채를 안고 있는 곳까지 천차만별이었다. 하지만 규모는 다를지라도 회사를 지휘하는 경영자 모두 '적자는 악이다!'라며 괴로워한다.

그렇지만 때로는 자신이 가진 모든 힘을 쏟아부어도 안 되는 경우가 있다. 단, 거기서 포기하면 지금까지의 고생은 물거품이 된다.

나는 그런 상황에 놓인 경영자들을 붙잡고 아무리 한밤중이라도 큰소리로 외치며 격려해줬다. "Never give up! Never give up! Never give up!"

내 목소리에 정신이 번쩍 들어 적자라는 큰 적과 맞서 싸울 강한 의지가 생길 때까지 용기를 불어넣었다. **의지가 꺾여서 도중에 포기하지 않으려면, "네버 기브 업!" 하고 스스로 기합을 넣어 마음을 다잡는 수밖에 없다.**

어느 때보다도 힘든 세상이지만, '네버 기브 업!' 정신으로 돌파하길 바란다.

045 고꾸라지려는 것을 **버텨야** 빨리 **달릴 수 있다**

이것은 세계 육상 선수권 대회 400m 허들에서 동메달을 획득한 다메스에 다이為末大가 말한 빨리 달리는 요령이다. 과감하게 앞으로 숙인 자세를 취했을 때 넘어지지 않으려면, 필사적으로 다리를 움직여 균형을 잡는 수밖에 없다는 것이다.

이것은 일할 때의 마음가짐과도 일맥상통한다.

실패를 두려워하지 않고 과감하게 몸의 중심을 앞쪽에 둔다. 다시 말해, 뒤를 전혀 돌아보지 않고 일에 임하는 것이다. 그러면 목표 하나만을 바라보며 온 힘을 다해 일하게 된다. 그리고 더 나아가 자신이 정한 한계를 넘어선 곳에 목표를 두면 처리 능력이 점점 향상된다. 이것은 불변의 진리다.

적자 회사를 일으켜 세울 때도 실은 목표를 110%로 설정한다. 그러면 어쩔 수 없이 자신의 한계를 뛰어넘는 하드 워크를 하게 된다. 그러한 엄격함이 업무 능력을 지금까지 이상으로 높여 불가능도 가능하게 만든다.

046

책상이
지저분한 사람은
일에서도
실수를 저지른다

유능한 비즈니스 퍼슨이란, 시스템을 구축할 수 있는 사람이다. 기적을 만들어내는 힘이 아니라 한 번 일어난 기적을 계속 재현하는 힘이 필요하다.

운 좋게 홈런 몇 번 치고 그 외에는 전부 삼진인 선수보다, 이치로鈴木一朗 급은 아니더라도 하루걸러 한 번씩 확실하게 안타를 치는 선수가 비즈니스에서는 더 유리하다.

'**실수하지 않는다. 기회를 놓치지 않는다. 성공 가능성을 높인다.**' 야구 선수 이치로도, 유능한 비즈니스 퍼슨도 이 세 가지를 중점으로 자기만의 시스템을 구축했을 것이다. 이런 사고방식을 가진 사람의 책상은 예외 없이 깨끗하게 정돈되어있다. 메모 한 장이 어디 있는지 몰라서 기회를 놓치는 일은 없다.

책상이 지저분하다는 건 자신의 손이 미치는 범위 내에서조차 성공을 재현하는 시스템을 구축하지 못했다는 증거다. 그런 사람은 아무리 좋은 결과를 내더라도 우연이 낳은 기적이라고 판단하여 과대평가하지 않는다.

047

옷차림이
단정하지 못하면
자기만 손해다

겉모습으로 사람을 판단하면 안 된다는 말을 들어봤을 것이다.

그런데 거꾸로 생각해보면, 이것은 '사람이 얼마나 겉모습으로 남을 판단하는지' 보여주는 말이 아닐까?

해외 인기 드라마 〈형사 콜롬보〉에서 콜롬보가 구깃구깃한 코트를 입는 건 상대를 방심시키기 위한 위장술이자, 명쾌한 추리와의 갭을 돋보이게 하기 위한 드라마상의 연출이다. 실제로는 그런 차림새의 영업 사원이 사무실을 찾아오면 수상한 사람이라고 생각해서 적당히 내쫓을 것이다.

즉, 칠칠치 못한 옷차림은 상대방에 대한 배려가 부족하다는 증거다. 거래도 독단적인 방식으로 진행할 것 같다는 생각이 들 수밖에 없다. 알맹이를 봐 달라고 아무리 외쳐도 일단 겉모습으로 평가하는 것이 현실이다.

비즈니스는 상대방에게 신용을 얻으면, 반은 성공한 것이나 다름없다. 내 경험상 이것은 진리다.

그러므로 첫 만남부터 상대방에게 불안감을 줄 수 있는 요소는 최대한 배제해야 한다.

048

자신감이 없는 사람은 '일찍 일어나기'에 도전하라

아침에 일찍 일어나려면, 어느 정도 강한 의지가 필요하다. 특히 학생에서 이제 막 사회인이 된 신입사원에게는 상당히 힘든 일일지도 모른다.

나는 입사식 같은 데서 연설을 하게 되면 반드시 '일찍 일어나기의 효용'에 대해 이야기한다. 그리고 '일찍 일어나기만큼 간단한 습관도 없다'고 덧붙인다.

생각해보라.

'매일 10㎞ 달리기'나 '하루 10시간 공부'와 비교하면, 일찍 일어나는 건 그렇게 대단한 의지가 필요한 일도 아니다.

일찍 일어나기는 '가장 간단하게 실천할 수 있는 매일의 습관' 이 아닐까?

자기 의지로 자신을 제어할 수 있게 되면 거짓말처럼 자신감이 생긴다. 이건 일찍 일어나는 데 성공했다는 '성공 경험'으로 인한 것이다.

제4장

어중이떠중이가 아닌 '프로'가 되어라

당신은 일을 스스로 생각하고 때로는 즐기고 때로는 고생하며 성공 경험을 쌓아 나가는 사람인가? 회사가 신뢰하는 건 역시 이런 요소를 충족하는 프로페셔널 Professional이다. 이런 이들은 불황일수록 강력한 힘을 발휘하기 때문이다. 지금은 남에게 의존하다가는 눈 깜짝할 사이에 자리를 빼앗기는 시대다. 프로라고 불리는 사람들은 매일같이 눈에 보이지 않는 노력, 연구, 개선을 반복한다. 당신도 의존심을 버리고 회사에서 아끼는 프로페셔널로 거듭나길 바란다.

049

'일의 프로'는 무슨 일이 있어도 도망치지 않는다

내가 55년 비즈니스 인생에서 가장 중요하게 여겨온 건 '신용'이다. 그런데 이 신용이라는 놈은 아주 무르고 약해서 납기를 한 번 어겼다는 이유로 단숨에 무너지기도 한다. 그리고 아마추어는 그 귀중한 신용을 경솔하게 무너뜨리곤 한다.

그렇다면 일의 프로는 어떻게 할까?

다소 비용이 들더라도 인해전술로 납기를 맞춘다. 이는 프로 가수가 고열에 시달리면서도 약속된 무대에 서는 것과 같은 책임감이다.

혹여 클레임이 걸리더라도 프로는 절대 도망치지 않는다. 곧장 현장으로 달려가 문제를 해결한다. 이런 자세로 일하면 힘들고 괴롭지만 그만큼 큰 보상이 따른다.

내 노트에도 '여기서 도망치면 안 된다'라는 말이 몇 번이나 적혀있다.

한마디로 프로페셔널이란, 무슨 일이 있어도 도망치지 않는 사람이다.

050

일의 **프로**가 되는 다섯 가지 **필요조건**과 세 가지 **충분조건**

내가 직원을 뽑을 때 고려하는 조건은 단순하다. 그 사람이 '프로'인가, '아마추어'인가 하는 점, 단지 그것뿐이다. 프로를 가려내는 포인트는 기본적으로 의욕·전문성·조정력·인망·건강, 이 다섯 가지다. 하지만 이것만으로는 아직 프로 지망생에 지나지 않는다.

다섯 가지 조건을 충족하고 추가로, ① 스스로 생각하며 일을 즐기는 사람일 것, ② 고생한 경험이 있는 사람일 것, ③ 성공 경험을 쌓기 위해 노력하는 사람일 것이라는 세 가지 조건을 만족해야 한다.

특히 내가 신뢰하는 인재는 '③ 성공 경험을 쌓기 위해 노력하는 사람'이다.

그리고 성공하려면 꾸준히 ①, ②에 관한 능력을 끌어올릴 필요가 있다.

그 과정에서 반드시 벽에 부딪히겠지만, 그 벽을 돌파하려면 즐기면서 일하는 수밖에 없다. 그렇게 하다 보면 자연스럽게 모든 필요충분조건이 충족될 것이다.

051 진정한 **프로**란 **실수**하지 **않는 사람**이다

'프로페셔널'이라고 하면 왠지 보통 사람은 상상도 할 수 없는 현란한 묘기를 선보이는 인물을 떠올릴지도 모른다.

그러나 진정한 프로는 실수하지 않는 사람이다.

애초에 일이란 95%가 겉으로 드러나지 않는 노력이고, 결과로서 눈에 보이는 부분은 나머지 5%에 불과하다고 생각한다. 그래서 화려한 성과를 냈다고 무조건 높이 평가하는 것이 아니라 일을 제대로 하는지 유심히 보고 승진을 결정해왔다. 결과주의보다는 능력주의로 평가하려고 노력했다.

다른 사람에게 일을 맡기려면 어느 정도 예측 가능한 안정감이 있어야 한다.

그런 의미에서 프로가 되려면, 무엇보다도 예상 밖의 실수를 하지 않는 것이 중요하다.

실수하지 않기 위해서 중요한 건 첫째도 둘째도 '기본'이다. 한 번의 홈런을 노리기보다는 안정적으로 안타를 쌓아나가는 것이다. 그런 인재야말로 윗사람 눈에 믿음직스럽게 비치는 법이다.

052 긍정적 사고는 강하게 의식하지 않으면 몸에 배지 않는다

어느 대학교 심리학 수업에서 학생들에게 지금 떠오르는 긍정적인 말과 부정적인 말을 짝지어 적게 했다고 한다. 예를 들어, '그는 머리가 좋다/무능하다', '그는 영리하다/뚱뚱하다', '교수님의 말투는 엄하지만 도움이 된다/가시가 돋쳐있다'처럼 말이다. 그러자 부정적인 표현이 더 많이 나왔다고 한다.

이것은 무엇을 의미할까?

해당 교수가 말하기를, 평소에 세상을 부정적으로 바라보는 사람이 많다는 뜻이라고 한다.

흔히 긍정적 사고가 중요하다고 말한다. 일할 때도 마찬가지라서 상사는 부하의 발언을 통해 그러한 부분을 파악한다.

위 사례의 주인공은 학생들이지만, 그들의 부정적인 사고가 사회인이 되자마자 **긍정적으로 변하지는 않을 것이다. 긍정적 사고는 일부러 강하게 의식하지 않으면, 몸에 배지 않기 때문이다.**

053

프로는 **강한 의지**와 **높은 뜻**을 가지고 **노력**한다

마라톤 및 중거리 경기 지도자, 고이데 요시오小出義雄는 어린 시절부터 친했던 친구다.

올림픽 마라톤 경기에서 메달을 획득한 아리모리 유코有森裕子와 다카하시 나오코高橋尚子는 고이데 요시오가 키운 선수들이다. 두 사람 모두 고이데가 스카우트한 선수가 아니라 스스로 찾아와 문을 두드린 사람들이다.

게다가 두 사람 모두 처음에는 이렇다 할 실적이 없어 팀 안에서도 결코 눈에 띄는 존재가 아니었다.

그런 두 사람이 마침내 올림픽 메달리스트로 성장한 건 그들이 '높은 뜻'을 가지고 있었기 때문이라고 고이데는 말했다.

이를테면, 아리모리 유코는 아직 두각을 드러내지 못하고 다른 선수의 뒤를 달리고 있었을 때조차도 이렇게 호소했다고 한다. "저를 올림픽에 데리고 가주세요. 올림픽에서 달릴 수만 있다면 어떤 연습도 견딜 수 있어요. 다른 사람들이 한 시간 연습할 때 저는 두 시간을 뛰겠습니다."

이 남다른 의지와 높은 뜻이 꿈의 실현으로 직결된 것이다.

이와 마찬가지로, 비즈니스 세계에서 살아남아 꿈을 실현하는 이 또한 강한 의지와 높은 뜻을 가진 사람이다.

'이런 일을 하고 싶다. 업계에 새바람을 일으키고 싶다.' 젊었을 때 품은 이런 꿈을 잃지 않고 그 실현을 위해서 묵묵히 노력하고 연구해온 사람이 승리를 거둔다.

사회에 나가자마자 자기가 하고 싶은 일을 할 수는 없다.

그래서 사람들은 대부분 꿈에서 너무 동떨어진 현실을 마주하고 그 꿈을 포기해버린다. 충분히 재능이나 능력이 있는데도, 사회인이 되어서까지 꿈을 꾸는 건 철없는 행동으로 여긴다. 꿈을 버리고 주어진 일에 몰두하는 것이 옳다고 생각하는 것이다.

그러나 진정한 프로란 꿈에서 멀리 떨어진 곳에 있어도 그 꿈을 잃지 않고, 매일 주어진 일을 착실히 수행하면서 꿈을 실현하기 위해 필사적으로 노력하는 사람이다.

'무슨 일이 있어도 이렇게 되고 싶다'라는 강한 의지가 있으면, 언젠가 그것을 실현할 힘이 생기는 법이다.

054

과정에 집요하게 매달리면 진짜 실력이 보인다

비즈니스에서 행운과 불운은 반드시 눈에 보이는 형태로 찾아오는 것이 아니다. 눈치채지도 못할 만큼 사소한 요인이 일을 좌우하는 경우가 대부분이다.

이건 내 경험담인데, 응원하는 야구팀이 이겨서 신난 고객이 물건을 대량으로 주문한 적이 있다. 반대로, 거래처 담당자가 마침 급한 일로 자리를 비워서 트러블이 확대된 적도 있다.

그렇기 때문에 비즈니스는 결과 이상으로 과정에도 주의를 기울여야 한다. **과정을 잘 살피지 않으면, 좋은 결과가 나온 건 모두 자신의 실력 덕분이라고 과신하기 쉽다.**

프로 골프 선수는 완벽한 퍼팅이라고 생각한 공이 들어가지 않았을 때 '퍼팅은 원래 크레이지Crazy한 것'이라는 말로 기분을 전환한다고 한다. 이것은 항상 자신의 퍼팅 자세에 신경을 곤두세우고 과정을 의식하기에 가능한 것이다. 중요한 건 점수가 아니라 어디까지나 기본에 충실한 자세다.

055 일이 순조로울 때야말로 **부진**의 **싹이 자라나기 쉽다**

적자 회사를 2,000곳 넘게 보다 보면, 일이 순조로울 때 오히려 부진의 싹이 자라나기 쉽다는 것을 알 수 있다. 상품이 히트해서 재무 상태도 양호한, 이런 때가 가장 위험하다. 경영진이 제 욕심을 채우려 하거나 각 부서에서 서로 공로를 주장하는 등 회사 전체가 삐걱거린다. 사원들은 자잘한 갈등을 일으키고 서로 헐뜯는다. 게다가 이익이 나니까 위기감이 사라져 업무 시간이 느슨해지고 야근도 설렁설렁한다. 이래서는 다음 히트 상품을 개발해낼 수 없다.

따라서 리더는 회사가 순조롭게 돌아갈 때일수록 조직 내부를 주의 깊게 관찰해야 한다.

사내 분위기를 단속해서 다음 상품을 개발하고 경우에 따라서는 과감한 인사이동으로 조직을 개편해야 한다.

복권에 당첨되면 갑자기 불행이 닥친다는 말을 들은 적이 있다. 이것도 비슷한 이치다. 인간은 편하게 돈을 손에 넣으면 욕심에 사로잡혀 도덕성이 낮아지기 때문이다.

판단은 **치밀**하게,
결단은 **신속**하게

20대부터 40년간 여러 글로벌 기업에서 일한 나의 지론인데, **우리 사회의 큰 결점은 '판단'과 '결단'을 혼동하는 점이라고 생각한다.**

이 두 가지를 명확하게 구별하는 것만으로 비즈니스는 현저하게 빠르고 효율적으로 진행된다.

영어에서는 판단은 Judgement, 결단은 Decision으로 명확하게 구별한다. Judgement는 정보를 충분히 검토해서 올바른 답을 도출하는 것이다. 반면, Decision은 검토 결과를 바탕으로 어느 길을 선택할지 결정하는 것이다.

서구 비즈니스 퍼슨의 전략이 논리적이고 치밀한 이유는 이 2단계 구조가 문화에 뿌리내리고 있기 때문이다. 국제화 사회의 한복판에 있다 보면 더욱더 뼈저리게 느껴진다.

한편 우리는 어떠한가?

우리는 대부분 일상에서 '결단'이라는 말 자체를 잘 사용하지 않는다. 이것은 우리가 Decision이 가리키는 개념 자체를 갖추고 있지 않다는 증거다.

그 때문에 우리 사회에서는 판단에 충분한 시간을 들이지 않고 결단 단계로 넘어가서 갈팡질팡하는 일이 빈번하게 일어난다. 일본 회사의 회의가 오래 걸리는 건 바로 이 때문이다.

정확히 말하면, 결단을 내릴 수 있을 정도로 치밀한 판단이 이루어지기 전에 결단하려고 하기 때문이다.

게다가 판단이 빈약한 상태로 결단을 내리기 때문에 그 결단이 틀렸을 확률도 높다. '사공이 많으면 배가 산으로 간다'는 말이 있는데, 이와 같은 일이 개개인의 머릿속에서도 일어나는 것이다.

결단을 내릴 때는 단 1분도 시간 낭비다. 결단에 시간이 걸린다는 건 판단이 틀렸거나 불충분하다는 증거다.

그래서 판단은 늘 치밀해야 한다고 자신을 채찍질하는 편이다.

『생각
정리』_____

_____

_____

_____

_____

_____

_____

_____

057 경쟁사에서 **엇나간 방법**을 쓸수록 **원칙을 지켜라**

니콘 에실로에서 고군분투하던 때의 일이다. 당시 안경 업계에서는 극단적인 가격 인하 경쟁이 일어나고 있었다. 특히 업계 1위인 A사가 이 경쟁에 뛰어들어 가격 인하를 시작했다는 소식에 중역 이하 직원 모두가 파랗게 질린 얼굴을 하고 있었다.

그러나 그때 나는 속으로 '됐다!' 하고 쾌재를 불렀다.

사원들의 반대를 무릅쓰고 과감히 고부가 가치의 고가 상품을 시장에 투입했는데, 그 상품이 대히트를 기록하면서 실적이 단숨에 회복되었다. 타사를 포함한 주위 사람들은 나의 기묘한 술책이 맞아떨어졌다고 생각하는 모양이었다.

하지만 나는 장사의 원칙을 따랐을 뿐이다.

고가 상품은 이익률이 높아서 저가 상품과 동일한 매출을 올려도 이익은 더 크다.

이 원칙을 잊고 염가 판매 경쟁을 하는 것이야말로 내가 보기엔 기책奇策이다.

058 영업을 잘하는 사람이 특별 서비스를 받는 이유

나와 식사를 하게 되면 다들 한 번씩 놀라곤 한다. 신기하게도 늘 식당 직원에게 크고 작은 서비스를 받기 때문이다. 단골집이면 몰라도 처음 들어간 가게에서까지 서비스라며 음식이나 와인을 특별히 제공하는 때도 있어서 놀라는 것이 무리는 아니다.

하지만 내가 그런 데서 딱히 유별난 행동을 하는 건 아니다. 딱 한 가지, 뭔가를 부탁할 때 직원의 이름을 부른다는 것을 제외하고는 말이다.

인간이란, 단지 서로의 이름을 부르는 것만으로 '직원과 손님'이라는 관계에서 한 걸음 나아가 친밀한 관계가 될 수 있는 존재다.

이것은 자랑하려고 하는 말이 아니다. **실적이 오르지 않는 영업 사원 중에는 자신의 고객을 '고객님'이라고만 부르고 이름을 외우려는 노력조차 하지 않는 사람이 많기 때문이다.** 그런 피상적인 교류만으로 물건이 팔릴 거라고 생각한다면 큰 오산이다.

인간에게는
열 가지 욕구가 있다

다음은 존슨에서 동료였던 경영학 박사 우메자와 노부요시梅澤伸嘉가 분류한 인간의 열 가지 욕구다. 이것은 내 비책 공개나 다름없다. 이 열 가지 욕구를 바탕으로 상품을 개발하고 판매 전략을 세워 마케팅 업무를 수월하게 진행해왔다.

1. **여유 욕구**여유롭게 살고 싶은 욕구

2. **존경 욕구**인정받고 싶은 욕구

3. **자기 향상 욕구**자신을 발전시키고 싶은 욕구

4. **애정 욕구**사랑받고 싶은 욕구

5. **건강 욕구**건강하게 살고 싶은 욕구

6. **개성 욕구**자기답게 살고 싶은 욕구

7. **즐거움 욕구**즐겁고 편안하게 살고 싶은 욕구

8. **감동 욕구**가슴 설레는 인생을 살고 싶은 욕구

9. **쾌적 욕구**쾌적하게 살고 싶은 욕구

10. **교류 욕구**주위와 사이좋게 지내고 싶은 욕구

위와 같은 인간의 욕구를 잘 파악하면 일에 활용할 수 있다.

060

잘나가는 긴자 호스티스의 **영업 방식**은 **부탁의 본보기다**

수많은 단골손님을 확보한 호스티스와 그렇지 못한 호스티스의 차이는 영업 전화를 거는 시간대에서 드러난다는 말을 들은 적이 있다.

실적이 안 좋은 호스티스는 상대방이 바쁜 오후 시간대에 전화를 건다. 호스티스는 밤낮이 반대라서 출근 전인 오후 시간에 가장 한가하기 때문이다. 그러나 자기는 편한 시간일지 몰라도 상대방은 한창 바쁠 시간이므로, 이때 영업 전화를 하면 부정적인 감정을 불러일으켜 역효과가 난다.

반면 유능한 호스티스는 조금 더 일찍 일어나서 점심시간에 전화를 건다. 그러면 상대방도 '좋아, 오늘 저녁에 한잔하러 갈까?' 하고 힘내서 일하게 되므로 그 차이는 뚜렷하다.

메신저나 SNS가 보급되면서인지, 핵가족화의 진행 때문인지 상대방의 사정을 고려하지 않고 무작정 부탁하는 사람이 해마다 늘고 있다. 아무리 해도 상대방이 내 부탁을 들어주지 않는다면 타이밍을 재고해보는 것이 어떨까?

061 상대방의 **눈을 보고 말하면,** 영업에 **실패할 확률이 높아진다**

흔히 다른 사람과 이야기할 때는 '눈을 보고 말해야 한다'고 말한다. 그런데 비즈니스에서는, 특히 영업에 한해서는 그렇지 않다. 사실 웬만한 사람들에게 눈을 똑바로 바라보는 것은 고통이기 때문이다. 자칫 '그 사람과 대화하면 왠지 피곤하다'는 부정적인 인상마저 심어줄 수 있다.

그렇다고 해도 눈을 피하거나 고개를 숙이고 이야기하면 진지함이 부족하고 자신감이 없어 보인다. 그래서 나는 **기본적으로 상대방의 코 밑, 그러니까 '인중'에 시선을 고정하고 이따금 눈을 마주치는 방법을 사용한다.**

회사 내에서도 기본적으로 이렇게 한다. 단, 부하를 혼낼 때는 반드시 매서운 눈초리로 눈을 쳐다본다. 나중에 부하에게 '그때는 몸이 움츠러들 정도로 무서웠다'는 말을 들을 정도로 호되게 꾸짖기 위해서다. 인간의 시선은 그만큼 강력한 힘을 지녔다. 그러므로 상황에 따른 세심한 주의가 필요하다.

062

손님이 직접 말하지 않는 **불만**을 **알아채는 사람**이 성공한다

도쿄의 한 유명 레스토랑 경영자의 이야기다. 그는 마흔 안팎의 나이에 매장 다섯 개를 거느린 성공한 사업가로, 그 성공 비결은 이러하다.

그는 일단 틈만 나면 손님의 의견, 그것도 손님이 직접 말하지 않는 불만 사항에 귀를 기울인다.

어느 날 몸 상태가 안 좋아서 메인인 생선 요리를 절반 정도 남긴 적이 있다.

그랬더니 계산할 때 그가 이렇게 물었다. "손님, 오늘 드신 넙치 요리에 혹시 문제가 있었나요? 왜 남기셨는지 알려주실 수 있을까요?"

그날 나는 단순히 몸 상태가 안 좋았을 뿐이었지만, 그는 손님에게 항상 집요할 정도로 의견을 물어 최고의 요리와 서비스를 제공하려고 노력하는 모양이었다.

손님이 모든 불만을 말로 표현하는 건 아니다. 사소한 불만은 마음속에 담아두기도 한다.

하지만 그게 문제다. 그 눈에 보이지 않는 불만을 알아채고 즉각 대처하는 것이 오랫동안 사랑받는 비법이다.

『**생각**
  정리』

063

가게에 온 **손님**은
모두 **물건**을
살 마음이 있다

약간의 노력으로 매출을 20% 올리는 방법이 있다. 한 카메라 판매 체인에서 판매 전략을 맡았을 때의 일이다. 매장 10개 중 가장 성적이 부진한 매장에 가서 두 시간 정도 손님을 관찰했다.

매장을 방문한 손님은 총 18명이었다. 그렇지만 팔린 건 20만 원대 디지털카메라 한 대뿐이었다.

나는 매장 직원에게 판매의 다섯 가지 포인트를 알려줬다. 그 결과 같은 두 시간 동안 카메라 다섯 대가 팔렸다. 그 포인트는 다음과 같다.

1. 손님이 오면 눈의 움직임을 보고 구매 의향을 파악한다.

2. 먼저 말을 걸어 대화의 물꼬를 튼다.

3. 손님이 원하는 것을 함께 찾아준다.

4. 손님이 결정을 내리면 성심성의껏 대응한다.

5. 구매를 통해 '이득 본 기분'이 들게 한다.

그렇게 어려운 일은 아니다. 연인에게 줄 선물을 고르는 기분으로 하면 된다.

064 출근과 동시에 **100%**를 **발휘하는 사람**이 진정한 **프로페셔널**이다

나는 아침에 출근해서 신문을 읽은 적이 없다. 일에 필요한 정보는 내가 사는 가나가와 현 오이소에서 회사가 있는 도쿄로 이동하는 한 시간 동안 머릿속에 집어넣기 때문이다. 이 책의 바탕이 된 아이디어 노트의 3할은 출퇴근 시간에 적은 것이다.

회사에 도착하고 난 뒤에야 무슨 일부터 시작할지 고민하는 사람은 완전 아마추어다. 그날 할 일의 개요 정도는 출근하는 동안 생각해두는 게 일하는 사람으로서 최소한의 도리가 아닐까.

전쟁터에 나가면서 총이나 지도를 챙겨 오지 않은 병사는 생존 가능성이 적듯이, 직장에 최신 정보와 그날의 일정을 미리 준비해 오지 않는 직장인의 생존율은 한없이 낮다고 할 수 있다.

'책상에 앉자마자 전투태세!' 내가 직급이 오를 때마다 마음속에 새겨온 말이다. 자리에서 아무것도 하지 않는 5분의 대기 시간이 회사에 끼치는 손실은 승진하면 할수록 커지기 때문이다.

065 회신은 무슨 일이 있어도 **신속하게**

신속함은 오늘날 비즈니스에서 가장 중요한 키워드라고 할 수 있다. 이는 일상 속 커뮤니케이션에서도 마찬가지다.

잘 아는 거래처에서 아침 일찍 다음과 같은 메일을 보내온다면 당신은 어떻게 하겠는가?

"귀사의 A 제품을 오후 회의에서 검토하고 싶은데, 얼마나 할인받을 수 있을까요?"

답은 간단하다. 그 자리에서 할인에 관한 판단이 가능한 상사와 상담한 뒤 "○%까지 할인해드릴 수 있습니다"라고 답장하면 된다. 상사가 외출 중이더라도 어떤 방법을 써서든 즉시 답해야 한다.

회사 밖에서 협의하는 경우에도, 질문을 받으면 가능한 범위 내에서 곧바로 대답해야 한다.

"돌아가서 다시 연락드리겠습니다"라고 하면 늦는다.

"할인은 일단 ○%까지는 확실히 받으실 수 있습니다. 그 이상도 가능할 것 같긴 한데, 우선 회사로 돌아가서 상의 후 연락드

리겠습니다." 이렇게 대답해놓으면 상대방도 대충 감을 잡을 수 있을 것이다.

질문에 대답할 때, 반드시 정확을 기할 필요는 없다. 질문하는 사람은 우선 조금이라도 정보를 얻으려는 심산이기 때문이다.

한편, 일단 알아보겠다는 대답으로 적당히 얼버무리고 넘어가는 사람도 많다.

이따금 이런 일이 일어나기도 한다.

외근을 나갔다 돌아와 보니 거래처에서 아래와 같은 메일이 와있다.

"혹시 A사의 실적에 관한 정보를 가지고 있지 않으신지요."

이것은 그냥 봐도 통상적인 업무 메일과는 이질적인 내용의 메일이다.

하지만 굳이 이런 걸 묻는다는 것은 틀림없이 뭔가 절박한 사정이 있다는 뜻이다.

그러므로 진정한 일의 프로는 적당히 얼버무리지 않고 다음과 같이 회신한다.

"정보가 언제까지 필요한가요? 가능한 범위 내에서 알아보겠습니다. 제가 아는 한 실적은 별로 좋지 않다고 들었어요."

『생각
정리』

제5장

인공지능에
지지 않는
기획력과 **발상력**을
기른다

인공지능이나 로봇은 앞으로 한층 더 인간의 영역을 장악할 것이다. 이런 시대에 인간만이 지닌 능력을 살릴 수 있는 것은 상상력을 구사하는 업무다. 당신은 문득 떠오른 아이디어를 '기획'으로 변환할 수 있는가? 그리고 그 기획은 소비자의 욕구를 반영하여 이익이 나도록 짜여있는가? 앞으로는 누구에게나 수익성 있는 기획을 짜내는 능력이 요구될 것이다. '그런 건 적성에 맞지 않는다'고 생각하는 사람도 있겠지만, 기획력을 기르는 건 이제 선택이 아닌 필수다.

PDCA를 실행하기 전에 꼭 해야 하는 **중요한 작업**

PDCA라는 용어는 이제 비즈니스 현장에서 널리 쓰이게 되었다. PDCA란 Plan계획 → Do실행 → Check평가 → Act개선의 머리글자로, 원래 생산 관리나 품질 관리를 원활하게 하려고 고안된 기법이다.

하지만 PDCA를 제대로 활용하는 회사는 그리 많지 않다. PDCA가 회사를 효율적으로 운영하는 데 도움이 되는 기법이라는 건 확실하지만, PDCA를 정확히 이해하고 효과적으로 활용하는 회사는 거의 찾아보기 어렵다.

원래는 PDCA를 실행하기 전에 정보를 수집하고 분석해서 당면한 경영 과제가 무엇인지 파악해야 한다. **근본적인 문제나 과제가 무엇인지도 모른 채 계획을 세우고 실행해봤자 PDCA가 제대로 돌아갈 리 없다.** 내가 관여한 2,000곳 이상의 적자 기업은 하나같이 경영 과제를 제대로 파악하지 않은 채로 PDCA를 실행한다는 공통점이 있었다.

PDCA를 활용하여 업무를 원활하게 하려면, 먼저 정보를 수집하고 분석해서 과제를 파악한 다음 목표를 정해야 한다. 그런 뒤에 계획을 세워 실행하는 것이다.

067

일 잘하는 사람은
유용한 서식을
가지고 있다

일의 능률이 떨어지는 사람이나 회사를 잘 이끌지 못하는 경영자를 보면, '이 사람은 유용한 서식을 갖고 있지 않구나'라는 생각이 들 때가 많다. 즉, 제대로 된 서식만 있으면 누구나 신속하게 일을 처리할 수 있다는 뜻이다.

유능한 사람일수록 다양한 서식을 가지고 있으며, 능숙하게 활용한다. **어떤 일을 시작할 때, 응용 가능한 서식만 있으면 손쉽게 계획서를 작성할 수 있다.** 서식은 일을 신속하고 용의주도하게 진행하기 위해 필수적인 도구다.

내가 서식의 중요성을 잘 아는 건 세계 유수의 글로벌 기업에서 오래 일했기 때문이다. 국경을 넘나들며 다양한 사람과 일하기 때문에 계획을 명문화하지 않으면 반드시 자잘한 부분에서 어긋난다.

이러한 서식은 남의 것을 베끼면 의미가 없다. 자기 스스로 궁리해서 만들어야 한다. 잘만 응용하면 단 한 장으로 된 상세한 계획서도 작성할 수 있다.

068

7단계 프로세스를 통해 '**아이디어**'를 '**기획**'으로 **변환한다**

'기획 = 아이디어 싸움'이라고 생각하는 것은 많은 직장인의 나쁜 버릇이다. 기획이란 목표를 세우고 그것을 실현하기 위해 계획을 짜는 것이다. 목표가 제대로 설정되어있고 실현 방법이 적확하다면 독특한 아이디어나 참신함은 딱히 필요 없다.

기획을 짤 때의 기본적인 사고로서 내가 실천해온 7단계 프로세스는 다음과 같다.

1. **상황 파악** 지금 무슨 일이 일어났는가

2. **과제 탐색** 지금 안고 있는 문제는 무엇인가

3. **과제의 개선 가능성 파악** 문제를 개선할 수 있는가

4. **목표 설정** 어떤 문제를 어느 수준까지 개선할 것인가

5. **목표 달성을 위한 행동 계획** 어떻게 개선을 꾀할 것인가

6. **경제성 검증** 이익이 증가하는가

7. **계획이 미치는 영향 조사** 계획을 실행하면, 어떤 위험이 따르는가

우선 정보를 수집해서 상황을 파악한다. 거기서 과제와 개선 가

능성을 밝혀낸다. 수많은 개선 방향 중에서 하나를 선택하여 목표를 설정한다. 그다음, 목표를 달성하기 위한 수단을 탐색한다.

그리고 그것이 회사에 어떤 이익을 가져다주고, 어떤 위험 요소가 있는지 검증한다. 이 일련의 프로세스를 거쳐야 비로소 기획은 사업적인 가치를 지니게 된다.

위에서 제시한 7단계 프로세스를 거치지 않은 기획은 단순한 아이디어에 불과하다. 그냥 아이디어는 아무리 독창적인 내용이어도 별 도움이 되지 않는다.

예를 들어 어떤 상품 기획에 히트 가능성이 잠재해있더라도, 자사가 이미 비슷한 제품으로 압도적인 시장 점유율을 확보하고 있다면 새로운 상품을 투입하는 의미가 없다.

그런데도 자꾸 비슷한 기획이 나오는 이유는 '1. 상황 파악'과 '2. 과제 탐색' 과정을 거치지 않았기 때문이다.

또는 히트할 것이 확실하지만 막대한 투자가 필요해서 자금력이 풍부한 기업에서만 실행할 수 있는 기획도 있다. 중소기업에서 그런 기획이 나왔다면, '6. 경제성 검증'이 제대로 안 됐다는 뜻이다.

반대로 평범한 상품 기획이라도 적확한 프로세스를 거쳤다면 좋은 기획이라고 할 수 있다. 발상이 참신하지 않다고 해서 주눅 들 필요는 없다.

기획서는 **A4 한 장**이면 충분하다

기획 입안 프로세스를 가르치는 가장 간단한 방법은 앞에서 말한 7단계 프로세스를 적용한 서식으로 기획서를 작성하게 하는 것이다. 아예 1에서 7까지 적는 서식을 만들어놓으면 프로세스 중 한 단계를 빠뜨리더라도 스스로 알아차릴 수 있다.

이때 핵심은 A4 용지 한 장에 정리하는 것이다. 경험상 일을 못하는 사람일수록 쓸데없이 길기만 한 기획서를 작성하는 경향이 있다.

그 유형은 두 가지로 나뉜다. 하나는 **자기 자신조차 기획의 내용을 제대로 이해하지 못해서 정리가 안 되는 유형이다.** 이 경우 A4 용지 한 장에 간추리게 하면 생각이 정리되어 좋은 기획서를 쓸 수 있게 된다.

다른 하나는 **길게 써놓고 '열심히 했다'는 자기만족에 빠지는 유형이다.** 이 경우 읽는 상사도 고생이고 본인에게도 시간 낭비다. 서로의 생산성을 고려할 때 A4 용지 한 장이면 충분하다. 한 장에 다 들어가지 않으면 참고 자료로 별지를 첨부하면 된다. 이것은 종이도 데이터도 마찬가지다.

070

니즈는
3층 구조로
되어있다

니즈Needs, 소비자의 욕구는 'Be 니즈', 'Do 니즈', 'Have 니즈'로 나뉘며, 이 세 가지가 3층 구조를 이룬다.

가장 밑에 있는 근원적인 욕구는 Be 니즈로, 무언가가 '되고 싶다'는 욕구다.

그것이 행동으로 나타나면 무언가를 '하고 싶다'는 욕구인 Do 니즈가 된다.

그것을 만족시키는 상품이 나타나면, Do 니즈는 무언가를 '갖고 싶다'는 욕구인 Have 니즈로 표면화된다.

상품 기획 단계에서는 표면화된 Have 니즈와 상품의 콘셉트가 맞아떨어지면, 거의 성공이라고 할 수 있다.

단, 시즈Seeds, 기업의 선진 기술에서 출발하는 경우나 시장의 니즈가 불명확한 경우, Have 니즈가 눈에 보이지 않을 수도 있다.

이때 니즈의 3층 구조가 머릿속에 들어있으면, 더 잠재적인 니즈로부터 Have 니즈를 예측해서 판단 재료로 쓸 수 있다.

071

이익에 관해 말하지 않는 기획서는 보고서에 불과하다

기획의 좋고 나쁨은 최종적으로 경제성 검증을 통해 판단한다. 재미있어 보이는 기획이라도 적자가 예상되면 기각이다. 반대로 흔한 기획이라도 회사에 이익을 가져다준다면 승인이다.

과거에는 기획의 착안점이 좋고 선례가 있으면, 의외로 간단하게 승인이 나는 경우가 많았다.

한편, 내가 다니던 글로벌 기업에서는 기획마다 예상 손익계산서를 제출해야 했다. 기획을 제안하는 측, 승인하는 측 모두 '언제까지 얼마의 이익이 나는가'를 논점으로 이야기를 진행했다.

이제는 일본 기업도 바뀌고 있다. 손익계산서 제출까지는 아니라도 이익이라는 관점이 빠진 기획은 일단 통과되지 않는다. 수익과 비용에 관한 언급이 없는 기획서는 그냥 보고서나 다름 없다. 아무리 참신한 아이디어가 가득하다고 해도 그것을 실행에 옮기는 일은 없을 것이다.

앞으로 그런 경향이 더욱 강해지면, 리더에게는 당연히 더 깊은 회계 지식이 요구될 것이다. 예를 들어, 기획서에 예상 매출 10억 원이라고 적혀있는데 그게 정말 가능한가? 판촉비가 5,000만 원으로 계산되어있는데 정말 그걸로 충분한가?

딱히 회계 전문가가 될 필요는 없다. 부하가 제시한 숫자가 현실성이 있는지 없는지 모르더라도 그 숫자를 관계 부서나 관계자에게 확인할 수 있는 조정력이 있으면 된다.

스스로 직접 판단하든 다른 사람의 힘을 빌려 조사하든, 중요한 건 올바른 숫자를 간파하는 것이다. 따지고 보면 기획의 매니지먼트도 사업의 매니지먼트와 다르지 않다.

결국, 가장 중요한 건 '사업으로서 얼마나 이익이 나느냐'다.

『생각
정리』

072 아이디어는 '질보다 양'이다

"천재란 1%의 영감과 99%의 노력으로 이루어진다."

문제 해결을 위한 좋은 아이디어가 떠오르지 않을 때 나는 세계적인 발명왕 토머스 에디슨Thomas Alva Edison의 명언을 생각한다.

'좋은 결과를 내기 위해서는 노력이 중요하고 행운은 아주 약간만 따르면 된다.' 일반적으로 이 명언은 이렇게 해석된다.

다만 내 해석은 조금 다르다.

'애초에 영감이라는 건 거듭 노력하지 않으면 생기지도 않는다.' 이것이 이 유명한 말에 숨겨진 진짜 의미라고 생각한다.

에디슨의 유명한 발명품 중 백열전구가 있다. 당시 전구는 이미 발명되었지만, 불을 켜면 얼마 안 가 필라멘트가 다 타버려서 실용화는 되지 않았다.

그래서 에디슨은 필라멘트의 소재를 바꿔가며 만 번 이상 실험했다.

그 결과, 무명실을 탄화한 필라멘트로 40시간 연속 점등에 성공했다.

거기서 그치지 않고 실험을 계속한 끝에 대나무로 만든 필라멘트로 1,200시간 점등에 성공하여 실용화에 박차를 가했다.

이 일화에서 주목할 점은 어떻게 무명실과 대나무라는 소재로 실험하게 되었느냐 하는 점이다. 무명실과 대나무로 실험한 것은 결코 우연이 아니다.

에디슨이 이 실험을 위해 준비한 소재는 6,000가지 이상이었다. 온갖 소재로 끊임없이 실험을 거듭하여 하나하나 실패하고 배제해나간 결과, 무명실과 대나무를 만난 것이다.

내가 경탄을 금치 못한 건 이 세상에 존재하는 모든 선택지를 고려한 것과 언제 성공할지도 모르는 실험을 위해 노고를 마다하지 않은 것이다.

'소거법으로, 정답에 도달하기 위해 더 많은 선택지로 더 많이 실험한다.' 이 자세에서 에디슨의 위대함을 느낄 수 있다.

좋은 아이디어를 내려면, 조금이라도 더 많은 아이디어를 내서 아닌 것을 하나씩 지워나가는 수밖에 없다.

그런 노력을 할 수 있느냐 없느냐. 이것이 아이디어가 풍부한 사람과 그렇지 않은 사람의 진정한 차이가 아닐까.

073

발상력을 기르려면, 다른 업종에 **가상의 경쟁자**를 만들어라

안경 렌즈를 제조하는 니콘 에실로에 있었을 때 110만 원짜리 맞춤 렌즈를 기획한 적이 있다.

당시 일본에는 100만 원대 최고급 렌즈를 만드는 제조사가 한 곳도 없었다. '소비자가 안경 렌즈에 투자하는 돈은 많아야 50만 원까지'라는 분석이 업계 표준이었기 때문이다.

그런데 업계 관계자의 예상을 뒤엎고 그 최고급 렌즈는 대히트를 기록했다. 새로운 시장 개척에 성공하여 업계에서도 높이 평가받았다.

그러나 나는 새로운 시장을 개척했다고 생각하지 않는다.

물론 안경 렌즈 업계에서는 새로운 시도였지만 부유층을 노린 시장은 이전부터 존재했고, 거기서는 100만 원이 훌쩍 넘는 장신구가 흔하게 거래되었다. 나는 그저 시선을 업계 안에서 밖으로 돌렸을 뿐이다. 특별히 독창적인 발상은 아니었다.

업계의 좁은 테두리 안에만 갇혀있으면, 아무래도 발상이 빈약해지기 쉽다.

물론 같은 업계 라이벌과 경쟁하는 것도 중요하지만, 시야를 넓혀 완전히 다른 업계를 잠재적인 라이벌로 설정하면 지금까지 없었던 새로운 아이디어가 떠오를 수 있다.

예를 들어, 여행 업계라면 다른 레저 산업은 물론이고 힐링이나 감동을 주는 모든 상품과 서비스가 경쟁의 대상이 될 수 있다.

또, 학원을 경영한다면 다른 교육산업뿐만 아니라 아이들이 좋아하는 게임이나 만화에서 아이디어를 얻을 수 있을지도 모른다.

이처럼 **타 업계를 의식하면 종래의 벽을 허무는 힌트를 얻을 수 있다.** 자기가 속한 업계에 갇히지 않도록 주의하길 바란다.

『생각
정리』

074 예비 기획을
항상 세 개씩
준비해둔다

"신제품의 초기 매출이 좋은 추세를 보이는데 부장님이 자꾸 다음 상품 기획을 재촉하시네요. 지금은 신제품 홍보에 전력을 쏟고 싶은데…."

일전에 어느 제조 회사의 과장이 나에게 이런 상담을 요청했다.

확실히 실무자로서는 신제품을 투입한 지 얼마 안 된 시기에 다음 기획을 신경 쓸 여유는 없다고 생각할 수 있다.

다만 부장의 요구는 잘못된 것이 아니다. 아무리 반응이 좋아도 그 기세가 계속 이어진다는 보장이 없기 때문이다.

그때 다음 상품이 준비되어있지 않으면 시장의 반응이 나빠진 상품을 어쩔 수 없이 팔아야 하는 처지에 놓인다.

업종이나 업계에 따라 상품이나 서비스의 수명 주기와 개발 기간이 다르기 때문에, 경우에 따라서는 신제품을 발매할 때 다음다음 상품을 준비해놓아야 할 수도 있다. 어쨌든 기존 상품 판매와 신제품 기획은 동시에 진행할 필요가 있다.

또한, '우리 회사에는 사람들이 꾸준히 찾는 상품이 있으니까 괜찮다'라는 생각은 위험하다.

예전에 청바지의 매출이 크게 하락한 적이 있다. 청바지는 캐주얼 패션의 대명사로, 자잘한 위기는 몇 번 있었지만 수십 년 간 비교적 안정적으로 팔려 왔다.

그런데 저렴한 청바지가 대중에게 보급되면서 시장이 급속도로 축소되었다. 매출 대부분을 청바지에 의존하던 의류 브랜드는 모두 실적이 악화되었다.

아무리 수명이 긴 롱셀러 상품이라도 언젠가 반드시 쇠퇴한다.

그때 준비가 안 되어있으면 주력 상품의 쇠퇴와 함께 매출이 급격히 줄어든다.

시대 상황이 나빠진 게 아니라 시대의 변화에 대비하지 않은 회사가 나쁜 것이다.

내 경험상 매출이 호조를 보이는 상품이 있어도 예비 기획을 반드시 세 개는 준비해둬야 한다.

기존 상품이 대히트를 이어나가서, 결과적으로 신제품 기획이 영영 보류되어도 상관없다. 중요한 건 시대가 급격하게 변화했을 때 '비장의 카드를 손에 쥐고 있느냐' 하는 것이다.

075

망설여질 때는
시즈보다
니즈를 우선한다

이상적인 상품 기획은 시즈와 니즈가 합치된 상태에서 상품화가 이루어지는 것이다.

그러나 현실은 그렇게 호락호락하지 않다. 리더는 늘 시즈와 니즈가 맞물리지 않은 상태에서 상품화의 결단을 내리게 된다.

이때 과연 어느 쪽을 우선해야 할까.

내 대답은 정해져 있다.

망설여지면 시장의 니즈를 택한다. 이것이 철칙이다.

시즈를 우선한 상품은, 비유하자면 삼진이 잦은 홈런 타자라고 할 수 있다. 현재로서는 시장에서 요구하지 않는 것을 제안하는 셈이므로 빗맞힐 확률이 높은 건 당연지사다.

하지만 한 번 수요를 발굴하면 시장을 거의 독점할 수 있으므로 엄청난 성공을 거둘 수 있다.

한편, 니즈에서 발상을 시작한 상품이 전혀 팔리지 않는 경우는 드물다. 시장의 요구를 상품화한 것이니 당연하다.

다만, 표면화된 니즈는 타사에서도 파악하고 있으므로 경쟁이 치열하다. 따라서 시장의 독점은 어렵다. 야구로 치면, 타율은 나쁘지 않지만 단타밖에 못 치는 애버리지 히터다.

이렇게 구멍이 많은 홈런 타자만 있는 타선과 안타를 연결해서 점수를 따는 타선 중 어느 쪽이 더 승리에 쉽게 다가갈 수 있을까? 현대 야구에서는 명백히 후자다.

이것은 상품 기획에서도 마찬가지다. **고위험·고수익 상품 기획으로 모험을 하는 것보다 확실성이 높은 상품 기획으로 차근차근 실적을 쌓아가는 편이 이익을 내기 쉽다.**

우선 니즈와 시즈가 합치하는 지점을 찾아보고, 잘 맞물리지 않는 경우에는 니즈를 바탕으로 상품을 기획해 시즈가 발전하기를 기다린다.

이것이 상품 기획에 관한 리더의 올바른 사고방식이다.

『**생각
정리**』 _____

_____

_____

_____

_____

076 히트를 노리기**보다** 경쟁자를 물리칠 방법을 생각하라

어느 제조 회사를 재건하는 과정에서 이전까지의 상품 기획을 재검토한 적이 있다. 그런데 개발 도중에 중지된 기획이 몇 개나 있었다. 그 이유를 담당 과장에게 물어보자 '경쟁사가 같은 콘셉트의 상품을 먼저 판매하기 시작해서 메리트가 적다고 판단하여 도중에 그만두게 됐다'라는 대답이 돌아왔다.

이는 제조 회사에서 가장 해서는 안 될 판단이다. 이 회사가 적자에 허덕이게 된 건 어쩌면 당연한 일일지도 모른다.

이 회사는 큰 실수를 두 개나 저질렀다.

첫째는 상품 개발이 늦어져서 타사에 선수를 빼앗겨 선점 이익을 놓친 것이다.

비즈니스에서 승리하는 것은 아이디어를 최초로 생각해낸 회사가 아니라 아이디어를 최초로 실현한 회사다. 모처럼 좋은 아이디어를 생각해내도, 개발이 늦어져서 타사에 선수를 빼앗기면 그 아이디어는 가치가 없어진다.

두 번째 실수는 거기서 상품화를 포기해버린 것이다. 기획을 도중에 중지하면, 그 상품 시장에는 경쟁사의 상품밖에 남지 않는다. 다른 경쟁사가 뛰어들지 않는 한, 최초로 개발한 경쟁사의 독점 상태가 지속된다.

특정 상품 분야를 경쟁사가 독점해도 다른 분야에서 확실히 이길 수 있다면 문제는 없다.

그러나 어떤 상품 분야를 경쟁사가 독점하면, 결과적으로 다른 상품 분야에서도 불리하게 작용하는 일이 많다.

솔직히 후발 주자는 이미 진 거나 다름없다.

그러나 진 게임인 걸 알면서도 손실을 줄이기 위해서 어쩔 수 없이 후발로 상품을 내놓아야 하는 경우가 있다. 참고로, 이렇게 해서라도 시장 점유율을 방어해야 하는 건 자사와 경쟁사의 자본력에 큰 차이가 없는 경우다.

상대가 거대 기업이라면, 선택과 집중 전략으로 불리한 분야에서 물러나 특기 분야에 자본과 인재를 집중시키는 게 원칙이다. 반대로 자사가 기업 규모 면에서 압도적으로 우위에 있다면, 경쟁사에 선수를 빼앗기더라도 물량 공세로 공격 전략을 펼칠 수 있다.

경쟁사와 자사의 역학 관계를 잘 파악해서 적절한 전략을 선택하길 바란다.

077 히트 상품을 만들어내는 **명인**, **기획조차 통과**되지 않는 **범인**

과거부터 현재에 이르기까지 세상에는 뛰어난 상품과 서비스가 수도 없이 등장해왔다. 그 대부분은 실제로 많은 사람에게 팔렸다.

히트 상품을 만들어내는 명인은 이런 뛰어난 상품에서 핵심 요소를 추출하여 자유자재로 조합함으로써 완전히 새로운 상품이나 서비스를 만들어낸다.

이렇게 만들어진 것에는 이미 성공한 상품의 장점이 담겨있으므로 소비자의 지지를 얻을 가능성이 크다.

새로운 아이디어는 대개 과거에 있던 것들을 조합한 것이다.

아무것도 없는 곳에서 난생처음 보는 것이 탄생하는 일은 없다.

설령 그런 아이디어가 세상에 나오더라도, 모두가 처음 보고 처음 듣기 때문에 그것을 판단할 만한 단서가 없어 좋은지 안 좋은지 판별이 불가능하다. 그래서 대중에게 쉽게 받아들여지지 않는다.

그런데 상품 기획이나 개발 부문에는 반드시 '독창성'에 집착하는 사람이 있다.

그들은 '이때까지 어디에도 없던 물건을 세상에 내놓지 않으면 제조업에 종사하는 의미가 없다'고 말한다. 잘나가는 상품을 참고해서 신제품을 개발하는 건 저급한 방법이라고 매도한다.

하지만 실제로 기획안을 발표시켜보면 뜬구름 잡는 이야기를 시작한다. 그들이 주장하는 성공의 근거는 모호하기만 하다.

그들의 말을 들어보면 대충 이렇다. 자기 기준에 좋은 기획이라고 느껴지지 않으면 자신 있게 일을 진행할 수 없다는 것이다.

아무리 다양성의 시대라고 해도 자기 기준으로만 생각하는 건 위험하다. 다수 소비자의 감각과 목소리를 바탕으로 좋은 상품을 만들어내는 발상력을 길러야 한다.

『생각
정리』

078

데이터가 쌓일수록 법칙성과 예외가 보인다

27세부터 쓰기 시작한 이 노트 덕분에 얻게 된 가장 큰 능력은 **'어떤 현상에서 법칙성을 찾아내는 능력'**이라고 할 수 있다.

아침에 일어나서 잠자리에 들 때까지 이 노트를 항상 지니고 다니면서 알게 된 정보나 의문점, 문득 떠오른 아이디어 등을 메모함으로써 정보를 객관적이고 입체적으로 받아들일 수 있게 된 것이다. 이것은 노트에 메모하는 습관으로 인해 접하는 정보의 절대량이 비약적으로 늘어난 결과라고 할 수 있다.

주위를 둘러보면 좋은 대학을 나왔는데도 10년, 20년이 지나도록 자신에게 유리한 데이터밖에 모으지 못하는, 정보 수집 능력이 떨어지는 사람이 눈에 띈다. 그들은 대충 봐도 성공률이 눈에 보이는 기획서를 내놓는다. 머리와 몸을 써서 모은 정보가 아니라 탁상공론을 바탕으로 만들어진 태만한 기획이라는 게 뻔히 보인다.

정보는 '흠뻑 뒤집어쓸 만큼' 접해야 한다. 그러면 원인과 결과의 법칙성을 서서히 깨닫게 된다.

다만, 처음부터 법칙성을 찾아낼 요량으로 정보를 접하면 법칙성이 쉽게 보이지 않는다.

방대한 데이터를 접하다 보면 일종의 '감'이 생긴다. 그러면 그때까지 접한 데이터에서 문득 이미지가 떠오르면서 자연스레 인과관계를 깨닫게 된다.

그리고 그 감이 알려주는 또 한 가지 중요한 요소는 '예외'다. 예외가 어떤 상황에서 발생하는지 느낌으로 알 수 있는 능력이 생긴다.

말하자면, 그것은 위기 회피 능력이라고 할 수 있다.

『생각
정리』

079 **유행**을 이어나가는
본질적인 방법

여자 골프 붐이 이어지는 가운데, 그 중심인물인 히구치 히사코樋口久子를 아는가?

일본여자프로골프협회 전 회장이자 현 고문인 그는 한때 1년에 200일 이상 전국을 날아다니며 선수들의 스폰서 계약에 힘썼다. 나는 그런 그에게 많은 것을 배웠다.

첫 번째는 '배려'다. 이전에 좋은 기회로 시니어 여자 프로 대회를 도왔을 때, 절묘한 타이밍에 양산을 꺼내주는 등 남다른 배려에 놀란 적이 있다.

두 번째는 '겸손함'이다. 히구치 히사코는 여자 프로 골퍼 1기로, 여자 토너먼트 대회의 첫 번째 우승자다. 그리고 우승 횟수 72회로 일본 여자 선수 중 역대 최다 우승을 기록했으며, 일본인 최초로 세계 골프 명예의 전당에 오르는 등 엄청난 경력을 지녔다.

그러나 전혀 거들먹거리지 않고 정중하게 사람을 대한다. 그 태도에서 한 분야에 통달한 사람만이 가질 수 있는 기품이 느껴진다.

세 번째는 '스폰서와 관람객의 중요성'이다. 그는 스폰서가 있어야 프로의 세계도 존재할 수 있다는 걸 누구보다도 잘 알았다. 그래서 프로-아마 대회를 중시하고 스폰서가 좋아할 만한 이벤트를 다방면으로 실시했다. 참가 선수들이 적극적으로 스폰서나 관람객과 대화하고 레슨이나 사인회 등을 진행할 수 있도록 노력을 아끼지 않았다.

이 세 가지는 비즈니스에서도 중요한 덕목이다. 소비자나 스폰서 등 고객의 지지를 받아 유행을 선도하기 위한 본질적인 방법이다.

『생각
정리』

제6장

갈수록 중요해지는 '리더십'의 원칙

리더는 부하에게 '좋은 사람'일 필요는 없다. 그것보다는 매일 눈에 보이게 노력하고 책임감 있게 팀을 이끌며, 부하를 성장시키는 데 힘써야 한다. 진정한 리더를 목표로 한다면, 자신을 끊임없이 성장시켜 존재감을 높여야만 한다. 당신이 움직이면 부하도 움직인다. 당신이 말만 앞세우고 행동하지 않으면 부하도 행동을 멈춘다. 목표로 삼을 리더 상을 확고하게 정해서 당신의 힘으로 무기력한 현장을 180도 바꿔라.

리더에게 꼭 필요한 일곱 가지 마음가짐

리더란 '책임이 있는 사람'이다. 이는 곧 일반 사원과는 다른 마음가짐이 필요하다는 뜻이다. 나는 리더를 육성할 때 가장 먼저 다음 일곱 가지 마음가짐을 갖추게 한다.

1. 원리·원칙을 중시한다.
2. 안 좋은 소식을 숨기지 않는다.
3. 민첩하게 행동한다.
4. 회의는 최소한으로 줄인다.
5. 할 일을 스스로 만든다.
6. 신상필벌을 명확히 한다.
7. 파벌주의에 빠지지 않는다.

이 중 하나라도 빠뜨린 게 있다면 주의해야 한다. 부하나 상사에게 리더로서 제 몫을 다하지 못한다고 생각될 가능성이 크다.

081 진정한 리더가 되고 싶다면 이렇게 행동하라

조직의 리더라는 자리에 올랐을 때 반드시 기억했으면 하는 것이 있다. 먼저, 회사의 생존을 위해 회사 안팎의 변화를 민감하게 알아차리고 상황에 맞게 '회사의 힘'을 구사할 것. 그리고 회사를 둘러싼 환경 변화를 이겨내기 위해 조직력을 갈고닦아 강화할 것. 이 두 가지다.

이를 위해서는 다음 네 가지를 명심해야 한다.

1. 알면서도 실천하지 않는 것을 항상 경계한다.
2. 과거의 굴레를 벗어던지는 용기를 지닌다.
3. 조직의 벽 또는 울타리를 없앤다.
4. 종적인 책임 전가를 없앤다.

격변하는 시대에 조직은 임기응변으로 상황 변화에 대처해야만 한다. 이 네 가지는 모두 부하의 입장이었을 때 상사에게 바라던 것들이지만, 막상 상사의 입장이 되면 좀처럼 실행하기 어렵다.

082

개혁을 부르짖기는 쉽지만, 그것을 조직에 침투시키기는 쉽지 않다

현역 시절 19년 연속 증수 증익을 달성한 트라이엄프사의 전 사장, 요시코시 고이치로는 파격적인 사내 제도 만들기의 달인 이었다.

대표적으로, 점심시간 시작을 11시 반으로 앞당긴 것이 있다. 다른 회사는 모두 12시부터니까 30분 일찍 출발해서 혼잡에 휘말리지 않고 여유롭게 식사할 수 있도록 한 것이다.

또, 'TTP'라는 말을 사내에 퍼뜨려 이 키워드로 이익을 한층 더 끌어올렸다. 이것은 '철저하게 베껴라徹底的にパクる, Tettei Tekini Pakuru!'라는 말의 약자다. 베낀 뒤에 독자적인 요소를 첨가하면 완성도 높은 원본이 만들어진다는 발상으로, 타사에 좋은 것이 있으면 적극적으로 들여오도록 권장했다.

아주 단순한 발상이지만 여기에는 쉽게 흉내 낼 수 없는 두 가지 대단한 점이 있다. **하나는 낡아빠진 옛 관행을 벗어던진 것, 또 하나는 기지를 발휘해서 그 발상을 회사 구석구석까지 침투시킨 것이다.** 끊임없이 좋은 결과를 낸 훌륭한 경영자다운 면모라고 할 수 있다.

083 사람을 움직이는
다섯 가지 요령

내가 적자 회사에 가서 전 직원을 앞에 두고 이야기할 때 특히 주의하는 다섯 가지 포인트가 있다.

1. 이해하기 쉬운 예를 사용한다.

2. 지금까지의 목표는 버린다.

3. 새로운 목표를 제시하고 설득한다.

4. 새로운 목표를 공유한다.

5. 가치관을 공유한다.

특히 전 직원을 불러 모아서 회사의 '목표'에 관해 제대로 의견을 나누는 것이 중요하다.

084

부하에게
공을 돌릴 줄 아는
사람을 승진시켜라

내가 승진시키고 싶어 하는 사람은 부하의 능력을 120% 끌어내는 사람이다. 그리고 다음 일곱 가지 항목을 체크하여 최종적으로 판단한다.

1. 부하가 자신의 성장을 체감할 수 있게 하는가?
2. 잡다한 지식이 아니라 원리와 이념을 바탕으로 한 실천적인 행동을 가르치는가?
3. 열정을 가지고 부하를 대하는가?
4. 지도에 망설임이 없는가?
5. 넓은 아량과 엄격함을 동시에 지녔는가?
6. 부하의 장단점을 파악하고 있는가?
7. 부하에게 공을 돌릴 줄 아는가?

특히 중요한 건 7번이다.

부하에게 공을 돌릴 줄 아는 사람이 지휘하는 부서가 가장 실적이 좋은 경우가 많기 때문이다.

085

리더라면 '반드시 흑자로 만든다'는 집념을 가져라

리더가 된 이상 반드시 지녀야 하는 것이 다음 세 가지 집념이다.

1. '반드시 이익을 창출하겠다'는 각오와 집념

2. 열의를 가지고 끈질기게 노력하는 집념

3. 목표를 달성하기 위해 조직을 끊임없이 재편하는 집념

당연한 것들이라고 생각할지도 모르지만, 이 세 가지를 유지하는 건 의외로 어렵다.

1번은 '시장이 축소되고 있어서 어쩔 수 없다'는 핑계를 대다보면 어느새 사라진다. 2번은 실적이 조금 오르면 바로 잊어버리기 쉬운 항목이다. 3번 같은 경우, 모르는 사이에 조직이 친목집단으로 변질해서 분위기가 느슨해지면 개혁을 단행하기 어려우므로 주의해야 한다.

모두 간단해 보이지만, 실은 강한 집념이 없으면 실현할 수 없는 것들이다.

086 두려운 존재가 되어야 진정한 신뢰를 얻을 수 있다

이것은 직급이 높아질 때마다 가슴에 새기게 되는 말이다.

직장인은 승진하면 할수록 고독해질 수밖에 없다. 그래서 제일 높은 자리에 있는 사장이 가장 외롭다.

일반 사원일 때는 업무 중에 농담을 해도 용서되지만, 직급이 높아지면 싫은 소리나 회사의 이익을 우선하는 발언만 하게 되기 때문이다.

부하 앞에서 회사에 대한 불만을 말하면, 부하들의 사기를 떨어뜨릴 뿐만 아니라 진흙탕 싸움에 이용당할 수도 있다.

그래서 더더욱 마음을 독하게 먹어야 한다.

특히 부하의 거짓말이나 꾀부림을 허용하지 않는 체제를 구축하는 건 원활하게 리더십을 발휘하기 위해 꼭 필요한 작업이다.

한번 너그럽게 거짓말을 용서해주면 부하에게 가볍게 보일 뿐만 아니라 나중에 배신당할 위험성도 있다.

그렇게 되지 않으려면, 작은 거짓말이나 속임수의 싹을 보고도 못 본 척하지 말아야 한다. 그리고 사내에 정보 제공자나 정보망을 둬야 한다.

특히 적자 회사에 사장으로 취임하는 경우, 나는 앞서 말했듯이 '정보 제공자는 환영하지만, 우대는 하지 않는다'라고 사내에 공표한다. 실은 이렇게 선언하기만 해도 상당한 억제력이 있다.

거짓말이나 비리는 사내 분위기가 미적지근하고 긴장감이 없을수록 횡행하는 법이다. 두려운 존재가 되기를 겁내면, 결과적으로 비리가 판치는 회사가 될 수밖에 없다.

그런 물러터진 상사는 호감을 얻을지는 몰라도 신뢰를 얻기는 어렵다.

『**생각
정리**』
_____

_____

_____

_____

_____

_____

_____

087 리더에게 필요한 **'이론 무장'**이란?

쇠퇴해가는 회사를 보면 사원 대부분이 사고가 멈춰있다. 뭘 해야 하는지도 모른 채 그저 하루가 지나가기만 기다리는 집단에 불과한 기업도 있다.

조직의 우두머리가 되면, 의욕도 책임감도 없이 무기력하게 현실에 안주하는 부하들을 일깨우는 건 오롯이 당신의 몫이다.

그렇다고 부하가 실수를 저질렀을 때, 이때다 싶어 야단치는 건 좋은 방법이 아니다.

나는 예전부터 **'리더에게는 지적 완력이 필요하다'**라고 강조해왔다. 무작정 부하를 굴복시켜서는 부하를 성장으로 이끌 수 없다. 자신의 실력을 보여주면서 부하의 의욕을 북돋으려면 다소 연구가 필요하다.

꾸짖을 때는 '잘했냐/못했냐'보다 '했냐/안 했냐'를 기준으로 꾸짖는 게 중요하다. "일을 왜 이따위로 해!" 하고 윽박지를 게 아니라 "왜 곧바로 ○○에 전화 안 했어?" 하고 구체적으로 말해줘야 한다.

088

부하를 **혼낸 뒤**에는 **반드시 두 배로 칭찬**하라

부하가 잘못을 저지르면 제대로 혼내야 한다. 나는 '하세가와 씨한테 혼났을 때 정말 수명이 줄어들 정도로 무서웠다'라는 말을 들을 정도로 호되게 꾸짖는 편이다.

꾸지람을 들으면 당연히 부하는 상처를 받는다. 분명 자신감도 잃을 것이다. 그래서 나는 충분히 혼냈다 싶으면, 반드시 몇 배의 시간과 노력을 들여 칭찬해준다. **상대가 상처를 받았다면, 그 상처를 치료해주는 것도 꾸짖은 자의 의무라고 생각하기 때문이다.**

그럼 구체적으로 어떻게 해야 할까?

나는 문제를 일으킨 경위를 따라가는 방법을 사용한다. 문제가 표면으로 드러난 원인은 한두 가지 사소한 실수인 경우가 대부분이다. 그러므로 '잘못한 부분은 여기'라고 지적한 뒤 충분히 혼내고, 그 밖의 실수와 관계없는 부분을 칭찬하는 것이다. '그 부분은 명백한 실수지만, 실수한 뒤에 신속하게 수습해서 피해가 커지지 않았고 고객도 이해해주셨다. 앞으로도 기대하고 있으니 지금처럼 잘 부탁한다.' 이런 식으로 말이다. 이렇게 칭찬할 부분은 칭찬해주는 것이 실수를 기회로 전환하는 계기가 된다.

089 리더의 소임은
함께 일하는 사람들의
사기를 높이는 것이다

내 경험에 의하면, 사기를 높이는 건 상당히 어려운 일이다. 특히 실적이 침체된 적자 회사일수록 리더는 주위로 하여금 '이 사람과 함께라면 열심히 하고 싶다, 노력하고 싶다'라는 생각이 들게 할 필요가 있다. 그래서 나는 같이 일하는 사람들의 자긍심을 되찾아주기 위해 여러 가지 방법을 시도했다.

가령 사원 한 명 한 명의 실적을 일일이 확인해서 다소 실적이 부족하더라도 무언가 명목을 붙여 표창했다. **공적을 숫자로 나타낼 수 없는 부서 사람들, 보이지 않는 곳에서 뒷받침해주는 이런 사람들을 조명하는 것이 회사 전체의 사기를 높이는 도화선이 되기 때문이다.**

회사를 다시 일으켜 세우려면, 결국 직원들의 사기가 가장 중요하다. 지금 말한 표창 제도를 보면 알 수 있듯이 사기를 높이는 데는 큰 비용이 들지 않는다. 현재 보유한 전력을 최대한 활용하는 가장 좋은 방법은 부하들을 열정적인 인간으로 길러내는 것이다.

090

부하의 의욕 스위치를 켜는 네 가지 '칭찬 포인트'

부하를 움직이는 방법의 하나로, '칭찬하기'가 있다. 다만, 칭찬은 결코 만병통치약이 아니므로 아무거나 칭찬한다고 되는 것은 아니다. **부하의 상태를 고려하여 당근과 채찍을 적절히 사용하지 않으면, 오히려 의욕을 떨어뜨릴 수도 있다.**

이때 중요한 것은 부하의 심리를 간파하여 다음 네 가지 상태에 있을 때 칭찬하는 것이다.

① 한창 성장 중이며 더 좋은 성과를 내기 위해 노력할 때. ② 자기만족에 빠져 노력을 게을리할 때. ③ 슬럼프에서 벗어나고 싶지만 뭘 해도 잘 안 돼서 자신감을 상실했을 때. ④ 무기력한 상태에 빠져 무언가 해보려는 의욕조차 생기지 않을 때.

특히 부하가 ②나 ④ 같은 상태일 때는 꾸짖고 싶은 마음도 들지만, 이럴 때 역으로 칭찬해주면 부하의 '의욕 스위치'가 켜진다.

091

이왕이면 **아침** 일찍 **칭찬하라**

당신은 부하를 칭찬하는 사람인가?

아니면 혼내는 사람인가?

이 질문에 정답은 없다. 부하가 힘을 내서 전력으로 일하게 된다면, 그게 정답이다.

다만 한 가지 말하고 싶은 건, **아침에는 혼내지 말고 반드시 칭찬하라**는 것이다. 아침 일찍 부하를 칭찬하면, 회사의 실적도 오르기 때문이다. 반대로 출근하자마자 부정적인 말을 들으면, 부하는 그날 하루를 망치게 될 것이다.

내가 고문을 맡은 어느 슈퍼마켓에서는 직원을 그냥 칭찬하는 게 아니라 아주 구체적으로 극찬한다.

"○○ 씨의 웃는 얼굴은 언제 봐도 세계 최고야." 이런 식으로 말이다. 칭찬이란 상대방의 존재 가치를 인정하는 행위로, 칭찬을 들으면 누구나 힘이 난다.

부하의 의욕을 북돋아 주는 사람이야말로 진정한 리더라고 할 수 있다.

092

부하의 숨겨진 능력을 찾아내서 발휘시켜라

나는 적자를 해결할 때 3개월을 목표로 한다. 이때 중요한 건 어떻게 쓸 만한 인재를 찾아내느냐다. 단 3개월 만에 회사를 흑자로 전환해야 하므로 인재를 키울 여유는 없다. 그래서 A 부서에서는 쓸모없지만, B 부서에서는 능력을 발휘할 수 있는 사람을 찾아내는 것이다. 리더에게는 이처럼 소질을 간파하는 안목이 요구된다.

이때 참고할 만한 것이 만년 최하위 팀을 상위 팀으로 탈바꿈시킨 프로 야구 감독 노무라 가쓰야野村克也의 사고방식이다. 그는 선수를 갱생시키는 열쇠로 두 가지를 꼽는다.

1. 의식 개혁을 통한 방향 전환

2. 새로운 기술 익히기

가령 투수라면, 강속구를 과감히 포기하고 새로운 변화구를 익히게 한다. 타자라면, 홈런의 꿈을 접고 자기 나름대로 안타치는 방법을 연구하게 한다. 이렇게 잠재 능력을 간파하여 새로운 도전을 하게 하는 것이 리더의 역할이다. 나도 이 생각에 전적으로 동감한다.

『**생각 정리**』

093

리더의 구심력은 '언행일치' 여부에 좌우된다

사장의 말에 걸핏하면 토를 다는 반항적인 리더가 이끄는데도 좋은 성적을 내는 부서가 있다.

반대로, 사장의 말을 잘 따르고 성실하게 일하는 리더가 있는데도 성적이 점점 떨어지는 부서도 있다.

이 둘의 차이는 각 리더 밑에 있는 부하를 보면 알 수 있다.

첫 번째 부서의 부하는 생기 있는 얼굴을 하고 있는 반면, 두 번째 부서의 부하는 왠지 모르게 무기력해 보인다.

이 차이는 리더가 지닌 구심력의 차이다. 첫 번째 리더는 사장이든 부하 직원이든 똑같이 솔직한 태도로 대하기 때문에 부하에게 신뢰감을 준다. 한편 두 번째 리더는 사장이나 상사의 말에 휘둘려 언행일치가 잘 안 되기 때문에 딱히 신뢰가 가지 않는다.

우수하고 똑똑하지만 부하에게 신뢰받지 못하는 리더보다, 다소 결점이 있어도 부하에게 신뢰받는 리더가 단결력 있는 팀을 만드는 것은 당연한 일이다.

즉, 아무리 사장 앞이라도 자기 소신대로 말하고 행동하라. 그 대신 말한 것은 반드시 지켜라. 이런 태도가 상사와 부하 사이에 신뢰감을 낳는다.

내가 사장이라면 그런 리더에게 한 단계 높은 성장을 기대할 것이다.

이런 인재가 요령을 터득하면 그 밑에 있는 부하들의 능력도 단숨에 향상되기 때문이다.

다만, 구심력은 경영자에게 양날의 검이다.

자칫 잘못하면 회사 전체가 아닌 자기 부서의 이익에만 집착하여 부서 내의 불상사나 문제점을 숨기는 일이 발생하기 때문이다.

실제로 두목 기질이 있는 리더 중에 이런 유형이 많다.

『생각
정리』

094

내면에서 뿜어져 나오는 존재감을 지녀라

　요미우리 자이언츠의 종신 명예 감독 나가시마 시게오長嶋茂雄는 내 모교인 지바 현립 사쿠라고등학교 4년 선배다. 그는 대학생 시절 대학 야구 리그의 스타였던 스기우라 다다시杉浦忠와 모토야시키 긴고本屋敷錦吾를 데리고 모교 야구부를 방문했는데, 그 열정적으로 지도하던 모습을 지금도 잊을 수 없다. 그 당시에도 온몸에서 오라가 넘쳐흘렀다.

　이건 그런 나가시마 시게오만이 할 수 있는 말이다.

　"4번 타자는 기술만으로는 안 된다. 내면에서 뿜어져 나오는 존재감이 '주포'라는 지위를 만든다."

　아무리 일을 잘해도 리더가 되지 못하는 사람이 있다. 그런 사람에게는 이 세기의 명선수가 남긴 말이 씁쓸하게 들릴지도 모른다.

　하지만 나는 내면에서 우러나오는 존재감을 노력으로 손에 넣을 수 있다고 생각한다.

　내가 실제로 사장이나 CEO를 맡은 회사에서 부서의 리더 자리에 앉히고 싶어도 앉힐 수 없었던 사람들의 공통점은 어딘가 '건조한 사람'이라는 것이었다.

특히 재건이 필요한 회사는 야구로 치면 9회 말 투 아웃 만루 상황이다.

이럴 때 회사의 운명을 맡길 수 있는 건 '함께 싸워주는 사람'이다.

일에서 성과를 내는 것만으로는 부족하다. 불타는 투지로 부서의 사기를 북돋아야 한다.

안에서 뿜어져 나오는 존재감의 정체는 사실 이 투지다.

리더를 목표로 한다면, 항상 전투에 임하는 마음을 가지길 바란다.

『**생각
정리**』

095

좋은 지시는
메모가
필요 없다

지인의 회사에서 일어난 일이다. 어느 날 경쟁사의 점유율을 빼앗으라는 명령을 내렸더니 제1 영업부와 제2 영업부의 두 부장이 전혀 다른 접근 방식으로 부하를 독려했다고 한다.

제1 영업부장은 수많은 자료를 바탕으로 30분 동안 충분히 전략을 설명했다.

반면, 제2 영업부장의 설명은 단 1분 만에 끝났다. "이번에는 오셀로 작전으로 갑시다! 어떻게든 담당 구역에서 경쟁사에 빼앗긴 점유율을 뒤집는 겁니다. 아시겠죠?" 메모조차 필요 없는 단순한 작전이었다. 2개월 후, 점유율을 되찾은 것은 제2 영업부였다. 메시지는 간결할수록 잘 전달된다는 좋은 예다.

긴 설명은 오히려 초점을 흐려지게 한다. **전달 사항은 웬만하면 3분 이내로 끝내는 게 좋다.** 유능한 사람이란 어려운 내용을 쉬운 말로 전달할 수 있는 사람이다.

부디 그런 센스를 연마하길 바란다.

096   손님은 왕이다.
하지만
상황에 따라서는
부하를 감싸야 한다

대형 마트를 담당하는 영업 사원이 잔뜩 화가 나서 회사로 돌아온 적이 있다. 이야기를 들어보니 거래처가 계약을 빌미로 그에게 판매원이 할 일을 시킨 모양이었다.

이럴 때 당신이 상사라면 어떻게 하겠는가?

"손님은 왕이다! 불합리하다고 생각하겠지만 회사를 위해 참아주게." 이렇게 타이르는 사람은 리더 자격이 없다. 아무리 중요한 고객의 부탁이라도 거래처의 노동력으로 취급당할 이유는 없다. 거래처에 제대로 항의해서 부하를 지켜주는 것이 리더다.

나는 실제로 이런 일 때문에 두 번 정도 거래를 그만뒀다.

"우리 회사는 손님만큼 직원도 소중히 여깁니다. 이해해주시지 않는다면, 더는 거래할 생각이 없습니다."

과연 매출이 떨어졌을까?

아니다. 사원들이 자부심을 가지고 일해준 덕분에 실적이 금세 회복되었다.

097

매출이 걱정될 때 리더가 자문해야 할 것

    기업은 사회 환경의 변화에 맞춰 시시각각 대응을 바꿔나가야 한다. 파도가 거칠 때는 돛을 내리고 잔잔할 때는 조류를 살피며, 이익이라는 목적지를 향해 나아가는 존재다. 그래서 처음 부하가 생겼을 때는 '회사와 내 일이 지금 어떤 상황에 있는지' 항상 신경을 곤두세우고 있었다. 다음은 내가 관리자의 입장이 된 이후 매일같이 외운 주문이다.

    그러니까 이 회사 또는 상품은…

- 힘이 약한가, 강한가, 혹은 약체화되었는가?
- 가능성이 있는가, 없는가?
- 확대될 것인가, 축소될 것인가?
- 성장할 것인가, 멈출 것인가?
- 비싼가, 싼가?
- 의욕이 있는가, 없는가?
- 그래서 그게 뭐 어쨌다고!

상기 여섯 번째까지는 조직의 입지를 점검하는 질문이다. 그리고 마지막은 부정적인 요인에 얽매이지 않고 생각을 긍정적으로 전환하기 위한 '스위치 질문'이라고 할 수 있다.

『**생각
정리**』

098

'부정적인 말'이 사내에 만연하게 되는 다섯 가지 원인

적자 회사에 가면 부정적인 말이 입에 밴 사람이 많다. 예를 들면, '될 대로 돼라', '누군가가 해주겠지', '난 모르는 일이야', '네가 알아서 해', '내 알 바 아냐', '월급이 쥐꼬리만 해서 일할 맛이 안 나.' 등등 이런 말들이다.

이런 부정적인 말이 사내에 만연하게 되는 원인은 크게 다섯 가지로 나눌 수 있다.

1. 사장과 경영 간부가 제 역할을 못 한다.
2. 뚜렷한 이념과 목표가 없다.
3. 조직이 복잡해서 누가 뭘 하는지 모른다.
4. 적자인데 월급이 어디서 나오는지 알 수 없다.
5. 자사의 강점과 약점을 모른다.

이것은 무능한 사람의 특징이기도 하다. 머리를 쓰지 않고 목표 설정도 되어있지 않으며, 일의 흐름을 이해하고 제어하지 못한다. 또, 이익을 만들어내는 데 무관심해서 자신의 장단점조차 모른다.

099 비즈니스 현장에 필요한 것은 사실 부정적 사고다

기획 회의에서 사람들이 아이디어를 내면 '시간상 불가능하다', '예산이 부족하다', '다른 회사와 겹친다'라는 식으로 결점이나 부정적인 면을 자꾸 지적하는 사람이 있다. 처음부터 끝까지 부정적인 의견만 말하는 사람이 있으면 분위기가 가라앉는다. 참다 참다 "좀 긍정적으로 생각할 수 없어?" 하고 핀잔을 주는 사람도 나올 것이다.

하지만 그런 발언이 꼭 나쁘기만 할까?

나는 그렇게 생각하지 않는다. 부정적인 요소를 하나하나 밝혀내는 건 아주 중요한 사고 과정이다. **긍정적 사고의 함정은 검증 기능이 정상적으로 작동하지 않게 된다는 점이다.** 마치 태평양 전쟁 중의 대본영처럼 "불길한 소릴 하는 놈은 숙청이다!"라고 외치는 대책 없는 집단으로 전락할 수 있다. 그러므로 힘들더라도 부정적인 요소를 정면으로 마주할 필요가 있다.

부정적 사고는 비즈니스에서 상당히 중요한 재능이다. 단, 그것만으로는 단지 트집 잡는 사람이 될 뿐이다. 미움받지 않으려면 대안도 같이 제시하는 유연성을 갖춰야 한다.

100 승승장구하는 팀의 **골키퍼**는 **교체하지 마라**

축구계에 이런 격언이 있다는 걸 듣고 나도 모르게 노트에 적었다. 왜냐하면, 일이 순조로울 때 경영자가 주의할 점과 완벽히 일치하기 때문이다.

사업이 순조롭게 진행될 때 인사를 교체하면 위험하다는 걸 모르는 사람이 의외로 많다. 자칫하면 사업에 위기를 초래할 수 있으므로 신중함이 요구된다.

축구에서는 골키퍼 교체에 의해 연계 플레이 전략이 바뀌기도 한다. 골키퍼 교체를 전법 변경 메시지로 오해한 선수들이 게임 진행 방식을 바꿔버리는 일도 있다. '왜 이기고 있는데 교체하느냐'고 팬들이나 언론이 시끌시끌해지기도 한다.

경영도 이와 마찬가지로, 핵심적인 인물을 교체해버리면 수많은 폐해가 발생한다. 첫째, 호황을 불러온 시스템에 미묘한 변화를 일으킨다. 둘째, 잘못된 변혁을 추진할 우려가 있다. 셋째, 안팎으로 반감을 살 위험성이 있다. 이것은 경영자뿐만 아니라 일반 사원들도 주의해야 할 사항이다. 일이 잘되고 있을 때 시스템을 건드리는 건 금물이다.

제7장

살기 위해
태만함을
버려라

기업의 실적이 나빠지면 자연스럽게 인원 감축 및 구조 조정이 시행된다. 이때 태만하거나 의존적인 사람은 살아남지 못한다. 회사가 원하는 건 자기 스스로 생각해서 조금이라도 빨리 움직이는 사람 그리고 남들의 두 배로 일하는 사람이다. 회사라는 조직에서는 팀플레이가 중요하다. 하지만 개개인이 약하면 승산이 없다. 그러므로 우선 자기 자신을 반짝반짝하게 갈고닦아야 한다. 보결 선수에서 정규멤버로, 더 나아가 코치, 감독으로 성장하길 바란다.

101

세 가지 차이를 만들면, '살 수 있는 경쟁력'이 생긴다

직장인으로서 이 혹독한 시대를 살아가려면, 다음 세 가지 면에서 차이를 만들어야 한다.

1. 기본적인 업무 능력

2. 자신의 장점을 어필하는 능력

3. 조직 안에서 쓸모 있는 사람이 되기 위한 노력

즉, 회사에서 요구하는 기본적인 능력을 기르고, 거기에 추가로 남들에게 없는 특수한 능력을 습득하여 조직 안에서 내가 살아갈 거점을 확보하도록 하는 세 가지 노력을 해야 비로소 전장에 설 수 있다는 걸 잊지 말아야 한다.

또한, 기업도 살아남기 위해서는 다음 세 가지 부문에서 차이를 벌려야 한다.

1. 제품

2. 선전 문구

3. 판매 시스템

회사가 이 세 가지 부문에서 차이를 만드는 데 이바지할 수 있는 사람이 되길 바란다.

『생각
정리』

102 불황 속에서 기업과 개인이 살아남는 방법은 동일하다

경기가 불황일 때 기업이 택할 수 있는 길은 세 개가 있다. ① 시장 점유율을 빼앗는다. ② 회사의 규모를 줄인다. ③ 해외로 진출한다.

이는 개개인의 경우도 동일하다. 동료들보다 열심히 일해서 사내 평판이라는 점수를 얻거나, 지금보다 몇십% 적은 임금에 만족하거나 혹은 새로운 시장을 찾아 나서는 것이다.

비교해보면 두 번째와 세 번째는 불확실한 요소가 많으므로, 결국 진지하게 권할 만한 건 **'열심히 일하는 것'**밖에 없다.

낮은 임금을 감수하고 일자리를 확보한다고 해도 현대 사회는 소득이 낮은 자가 불이익을 받는 구조이므로 안심할 수 없다. 새로운 시장으로 진출한다고 해도 이직을 하거나 장사를 시작해서 성공을 거둘 가능성은 희박하다. 그래서 회사를 박차고 나가라는 조언은 함부로 하는 게 아니다.

결국, 가장 쉬운 길은 '남들의 세 배는 일한다'는 말을 들을 정도로 열심히 일해서 열정을 보여주는 것뿐이다.

103

일에 필요한 것은 매뉴얼이 아니라 '병법'이다

나는 어렸을 때 검도를 배웠다. 그것도 검도보다 검술이라는 말이 어울리는 옛 무술에 가까운 유파였다. 지금 생각하면 스포츠적인 요소보다 서바이벌적인 요소가 강한 훈련을 했던 것 같다.

열 살이어도 성인 고단자와 겨루는 것이어서 지지 않으려고 필사적으로 전략을 짜냈다. 정면으로 맞서서는 이길 수 없다는 걸 알고, 방심하게 한 뒤 상대의 빈틈을 노리는 수법도 썼다. 상대가 숨을 들이마실 때 빈틈이 생긴다는 걸 깨달은 뒤로는 일방적으로 지기만 하지 않게 되었다.

계략이라고 하면 어딘가 비겁하게 들릴지도 모르지만, 나는 이때의 경험을 통해 **약자가 강자에 대항하려면 계략이나 전략이 반드시 필요하며, 오히려 이런 것을 높이 사야 한다**고 생각하게 되었다. '두뇌를 풀가동해서 살아남는다.' 이것은 매뉴얼만 따라서는 결코 손에 넣을 수 없는 병법에 가까운 감각이다. 요즘 같은 시대에는 특히나 이런 감각이 필요하다. 꼭 몸에 익히길 바란다.

104   **1㎜의 성장**이라도 하찮게 여기지 않는다

전 일본 축구 대표팀 감독 가모 슈加茂周가 닛산 팀 감독을 맡고 있던 시절, '1㎜ 작전'이라는 전술을 선수들에게 주입했다고 한다. 개개인이 1㎜씩 성장하면 그것이 모여 큰 성장이 된다는 취지의 전술이었다. 당시 닛산은 약소 팀으로, 라이벌인 얀마, 후루카와, 요미우리 클럽 등과의 차이는 1㎜는 고사하고 몇 ㎞나 되었다.

그러나 가모 슈는 눈앞의 1㎜를 소중히 여겼다. 축구는 11명이 하는 스포츠다. 한 명 한 명이 1㎜씩 성장하면 총 11㎜다. 스태프도 포함하면 20~30㎜나 성장할 수 있다. 이런 노력의 결실로 닛산은 14년 뒤인 1988년~1989년 시즌에 JSL 1부, 일왕배 대회, JSL 컵에서 우승하며 3관왕을 차지했다. 그렇게 해서 지금의 요코하마 F. 마리노스가 된 것이다.

1㎜의 노력이라도 여러 사람이 모이면 큰 힘으로 바뀐다. 꾸준히 노력하면 반드시 그만큼 성장한다.

'1㎜의 노력'을 잊지 않았으면 한다.

105

훗날을 걱정하기보다 **눈앞**의 **난제를 해결하라**

종종 회사의 재건을 맡는 게 두렵지 않으냐는 질문을 받는다. 당연히 두려운 마음은 있다. 하지만 지나치게 겁내면 될 일도 잘 안 된다.

고대 로마의 철인 황제 마르쿠스 아우렐리우스 안토니우스 Marcus Aurelius Antoninus는 이런 말을 남겼다.

"이 앞에 얼마나 많은 고난이 기다리고 있을지 추측하지 마라. 지금 눈앞에 있는 일에 대해 '이 일의 어떤 점이 견디기 힘든지' 자문하라. 나를 괴롭히는 것은 미래도 과거도 아닌 현재의 일이다. 진짜 문제점을 찾아내서 떼어놓으면, 나를 괴롭히던 것이 실은 아주 조그만 문제였다는 사실을 깨달을 것이다."

회사의 재건도 이와 같다. 걱정이 앞서서 갈팡질팡하다 보면, 작은 걱정거리가 멋대로 불어나서 머릿속을 장악한다. **먼 훗날을 걱정하기보다 눈앞에 있는 문제점을 하나씩 하나씩 해결해나가라. 그것이 깊이 고민하지 않는 요령이다.**

106

신용은 곧 담보력이다. 당신은 무엇을 담보로 내놓을 수 있는가?

다른 경영자와 이야기를 나누다 보면, '신용이란 무엇인가'라는 화제가 자주 등장한다. 이때 다들 공통으로 하는 이야기가 **'신용은 곧 담보력'**이라는 것이다. 가령 돈이 필요하다고 가정할 때, 은행에서든 친구에게든 '얼마까지 빌릴 수 있을지' 생각해보는 것이다.

바꿔 말하면, 만일의 경우에 은행이나 친구가 당신의 신용도를 봐서 얼마까지 빌려주겠느냐 하는 것이다. 그 액수가 당신의 신용을 증명한다.

'지금 나에게는 아무런 담보도 없다'고 포기하면 안 된다. **신용은 하루아침에 생기는 게 아니라 꾸준히 쌓아 올리는 것이기 때문이다.** 젊을 때는 그 젊음을 무기로 신용을 쌓으면 된다.

어떤 일이든 젊음이라는 무기를 써서 실적을 쌓는다. 그런 적극적인 태도가 회사 안팎에서 통하는 '신용'으로 이어진다.

107

생존을 위한 **절대 조건**은 **전문 지식**과 **인간성**이다

비즈니스의 본질은 '다른 것과의 차이를 만들어내는' 것이다. 늘 타사보다 나은 부분을 만들어내기 위해 끊임없이 노력해야 하기 때문이다.

개인 차원에서도 마찬가지다. 당연히 라이벌과 다른 대우를 받아야 한다는 생각을 바탕으로 발상을 시작해야 한다.

그리고 기업 간에는 치열한 경쟁이 이어지고 있다. 앞으로는 시장의 과점화가 진행되어 도산이나 합병의 아픔을 겪는 회사가 더욱더 증가할 것이다.

당신은 그런 시대를 살아갈 자신이 있는가?

앞으로 살아가려면, 전문 지식과 기술을 갖춰야 한다. 아무리 회사가 망해도 '나는 혼자 중국에 영업하러 가서 주문을 받아올 수 있다'라고 내세울 수 있는 즉시 전력감이라면, 재취업도 가능하다.

그러나 "나는 도산한 회사에서 부장 자리에 있었습니다"라는 말밖에 할 수 없는 사람은 고전을 면치 못할 것이다.

그러므로 회사에 무슨 일이 생기기 전에 자기 나름의 전문 지식을 익히길 바란다. 회사 내에서 '그 사람이 없으면 정말 곤란하다'라고 여길 만한 강점을 손에 넣어라.

그리고 또 하나, **일하는 데 꼭 필요한 절대 조건은 '인간성'이다.** 부재중일 때 방문한 거래처 사람이 "그분은 오늘 안 계시나요?" 하고 신경 써주거나, 10분만 지각해도 동료들이 "무슨 일 있어?" 하고 걱정해주는 호감 가는 사람이 되어라.

요즘 교육은 달리기에도 등수를 매기지 않는 학교가 있을 정도로 평등주의다.

그러나 비즈니스의 세계에서는 업무 성과는 물론이고 사람으로서의 호감도에까지 순위를 매긴다. 따라서 평등주의를 방패로 자신이 놓인 처지를 한탄하거나 분노를 표출해봤자 아무도 동정하지 않는다.

자신의 능력을 무한대로 늘리려는 노력은 비즈니스의 세계에서 절대적인 '선善'이다.

108

뭐든지 할 수 있는 **다재다능한 사람**이 **성공**하지 **못하는 이유**

적자 기업을 살릴 때 나는 영업 부문을 가장 신경 써서 체크한다. 영업 사원을 직접 따라다니며 개개인의 행동을 면밀히 관찰하는 것이다.

그러다 보니 실적이 좋지 않은 영업 사원의 세일즈 토크에는 반드시 하나의 경향이 있다는 걸 깨달았다.

그것은 너무 열심히 상품의 특징을 알리려 한 나머지 장점을 끝없이 늘어놓는다는 점이다.

그러나 그런 식으로 말하면 오히려 상품에 매력을 느끼지 못하게 한다. 특징이 너무 여러 가지면, 도리어 진짜 장점이 묻힐 수 있기 때문이다.

그럴 때, **'같은 시간 동안 열 가지 장점을 나열할 바에는 그중 하나의 장점을 골라서 차분히 설명하라'**라고 지도하면 성과가 급격히 오른다.

열심히 하고 있는데도 좋은 결과가 나오지 않는 사람은 자사가 취급하는 상품의 강점이 무엇인지 한 번 더 생각해보라.

109 학력學歷은 있어도 학력學力이 없는 사람, 체력은 있어도 끈기가 없는 사람

위의 두 가지 유형은 아무리 이력서 스펙이 좋아도 살아남을 수 없는 유형이다.

학력學歷은 있어도 학력學力이 없는 사람의 경우 가르친 일은 정말 제대로 한다. 하지만 스스로 생각해야 하는 일에는 적극적이지 않아서 발전이 없다.

한편, 체력은 있어도 끈기가 없는 사람은 포기가 빠르다. 지금 주어진 일을 해결하는 데 필요한 것이 무엇인지 끝까지 파고들어 밝혀내지 않고 금방 의욕을 잃어버린다.

즉, 이 두 가지 유형은 자기 일에 무관심하다. 적어도 상사의 눈에는 그렇게 비칠 것이다. 이런 부하가 들어오면, 나는 우선 일의 전체상을 보게 한다. 자신이 부서의 리더라고 가정했을 때 자신에게 무엇이 요구될지, 무엇을 해야 할지 생각하게 한다. 그러면 차츰 책임감도 생겨난다.

일찍 출세하는 사람들의 공통점은 일을 전체적으로 조감하는 눈을 가졌다는 것이다. 항상 전체상을 바라보며 행동하는 습관이 있어서 한 단계 높은 수준의 일을 맡겨도 안심이 된다.

『**생각
정리**』

110

대불황 시대에
알아야 할
구사일생 전략

내일 당장 어떻게 될지 모르는 시대에 무모한 경영을 하면 모든 것을 잃을 위험이 있다.

과도하게 위험을 감수하다가 후회하는 것보다 견고하고 견실하게 사업을 키워나가는 것이 좋다.

내가 관여해온 2,000곳의 적자 회사 중 절반은 그런 위태로운 상황에서 겨우 살아남은 조직이었다.

이런 조직에서 반드시 기억했으면 하는 일곱 가지 행동 원칙을 소개한다.

1. 일을 단기, 중기, 장기적 시야로 바라본다.
2. 터무니없는 모험은 하지 않고, 필요 이상의 위험을
   부담하지 않는다.
3. 허세 부리지 않고, 자만하지 않는다.
4. 도박하지 말고, 돌다리도 두드려보고 건너라.
5. 서두르거나 허둥대지 말고, 최악의 상황을 가정하라.
6. 비상사태를 대비한 대책을 꼼꼼히 세운다.

7. '각자의 능력 × 적절한 타이밍' = 성공

그리고 반드시 **'포기하지 않고 끝까지 해낸다'**는 정신을 가져야 한다.

『생각
　정리』

111

끝까지 **살아남**는 **회사**는 **가족들까지 자랑스러워하는** 회사다

적자 회사에 사장으로 부임했을 때 가장 먼저 해야 할 일은 사원들의 자부심을 되찾아주는 것이다. 몇천 곳이 넘는 회사를 살려내다 보면 알게 되는데, **회사를 다시 일으키는 중요한 열쇠는 첫째도 둘째도 '직원의 사기'다.**

인간은 자부심을 가질 수 없는 것에는 온 힘을 다하지 않는다. 그래서 나는 전 직원을 모아놓고 이렇게 말한다. "여러분의 아이가 학교에 가서 '우리 부모님은 이 회사에 다닌다'라고 당당하게 말할 수 있는 회사로 만듭시다. 그건 저 혼자 할 수 있는 일이 아닙니다. 모두가 한마음 한뜻으로 움직이지 않으면, 그런 회사가 될 수 없습니다."

이것은 개인 차원에서도 마찬가지다. 당신 스스로 자부심을 가지고 일하는지 항상 의식하라. **배우자와 자식, 부모님이 보기에도 부끄럽지 않게 일하고 있는지 계속 확인하는 것이다.** 신기하게 그것만으로도 성과가 오른다.

112

자신을 **성장시키려면**, **100% 이상**의 **힘이 필요**하다

야구 선수 이치로는 이렇게 말했다.

"타인의 기록을 깨는 건 7, 80%의 힘으로 가능하다. 그러나 자신의 기록을 갈아치우려면, 100% 이상의 힘이 필요하다."

그는 주위에 있는 라이벌과의 경쟁보다 자기 자신과의 싸움이 더 치열하다고 말한다.

왜 이런 이야기를 하느냐 하면, 이 같은 현상이 회사 안에서도 일어나기 때문이다.

입사하자마자 두각을 드러내서 승승장구할 거라고 생각한 사람이 의외로 제자리걸음을 하는 사례를 많이 봐왔다. 그런 사람들은 대체로 경쟁자를 이긴 순간부터 힘을 빼고 70% 정도의 힘만 발휘해서 일하는 경우가 많았다.

이치로처럼 자신을 채찍질하지 않고 방심한 탓에 성장하지 못한 것이다. 만약 당신도 힘을 아끼고 있다면, 생각을 고치고 올바른 방향으로 나아가길 바란다.

자신을 성장시키는 힘이 이익을 만들어낸다.

113

도박꾼의
사고방식에서 배운
'경영의 기본'

나는 도박을 좋아하지 않는다. 그래서 밤새도록 마작을 하다가 멍한 얼굴로 출근하는 직원을 좋아하지 않는다. 다만, 어느 부하의 이야기를 듣고 도박과 경영이 상당히 비슷하다는 사실에 놀란 적이 있다.

그 부하는 그날도 밤을 새웠는지 업무 시작 시각이 지났는데도 영업을 나가려는 기색도 없이 축 늘어져 있었다. 나는 호통치고 싶은 마음을 꾹 참고 "OO 씨, 도박에서 반드시 이기는 방법은 뭘까?"라는 질문을 던졌다.

그러자 이런 대답이 돌아왔다. "완급 조절을 잘하는 거죠." 무슨 말이냐고 되물으니 이렇게 대답했다. "성공 확률이 높은 데는 많이 걸고, 좀 미심쩍은 데는 타격이 크지 않을 만큼만 거는 거예요. 승산이 없을 때는 절대로 손대지 않는 자제심도 중요하죠."

원래는 도박에서 반드시 이기는 방법 따윈 없다고 논리적으로 설득해서 일에 집중시킬 생각이었다. 그런데 그의 의견을 들어보니, 벌 수 있는 곳에는 크게 투자하고 서투른 분야의 비용은 최대한 삭감해야 한다는 점에서 **'경영과 도박은 비슷하다'**는 것이 묘하게 이해됐다.

『**생각
정리**』

114

브랜드 파워는 절대 **비축해놓을 수 없다**

남다른 서비스로 유명한 더 리츠칼튼 호텔은 '브랜드란 약속이다'라는 철학을 가진 것으로 알려졌다. 나 역시 거짓말을 하지 않고 고객과의 약속을 반드시 지키는 것이 브랜드 확립에 필수적이라고 생각한다.

브랜드란, 고객이 상상하는 것과 일치하는 것을 꾸준히 제공함으로써 생겨난다. '○○ 제품이니까 믿을 만하다'라는 신뢰감이 형성되는 것이다. 그래서 한 번 브랜드 파워가 생성되면, 고객은 망설임 없이 제품이나 서비스를 다시 이용한다.

하지만 브랜드 파워는 단 한 번의 불상사로 순식간에 제로가 될 수도 있다. 고객은 금방 배신당했다는 감정을 느끼기 때문이다.

아무리 브랜드 파워를 쌓아도 그것은 금전적인 흐름과는 전혀 다른 성질의 것이다. 없어질 때는 서서히 없어지는 게 아니라 순식간에 사라진다. 그걸 되찾으려면 상당히 오랜 시간이 걸린다.

115

논리를
쌓아 올려서
난관을 **극복하라**

미야모토 무사시宮本武蔵의 '이치조지 사가리마쓰 결투'를 아는가?

검도 사범의 명문 요시오카 일파에서 자신들의 명예를 걸고 어린 마타시치로又七郎를 필두로 100명 가까이 되는 문하생을 보내 무사시 한 명을 상대로 결투한 이야기다. 무사시는 이 압도적으로 불리한 상황을 어떻게 타개했을까?

우선 그는 승리의 조건을 적 100명 모두 베어 쓰러뜨리는 것으로 생각하지 않았다. 우두머리인 마타시치로만 쓰러뜨리면 승리라고 생각한 것이다.

그래서 현장에 발 빠르게 도착하여 몸을 숨기고 기회를 엿보았다. 그리고 마타시치로를 쓰러뜨린 뒤 논두렁길로 도망쳤다. 좁은 길이라서 상대와 싸울 때 일대일 상황을 만들 수 있기 때문이었다.

이처럼 불리한 상황이라도 승리의 조건을 명확히 하면 난도를 낮출 수 있다. 조건을 충족하기 위해서 뭘 해야 하는지 미리 논리적으로 생각한다. 그러면 성공 확률은 비약적으로 높아진다.

116 **핀 포인트 전략**으로
부딪쳐라!

이치로의 방망이는 다른 선수보다 가늘다고 한다. '굵은 방망이가 공을 맞힐 확률은 높지만, 심芯의 면적은 가는 방망이든 굵은 방망이든 거의 차이가 없다'는 이유에서다. 굵은 방망이는 오히려 심이 차지하는 면적의 비율이 낮아서 심을 빗나간 어중간한 타격이 되기 쉽다. 그래서 가느다란 방망이를 선호하는 것이다.

이 이야기를 TV에서 들었을 때, 축소 중인 시장에서의 비즈니스 전개와 비슷하다는 생각이 들었다.

굵은 방망이는 큰 투자, 가는 방망이는 필요 최소한의 투자다. 예전에는 큰돈이 들더라도 일단 공이 앞으로 날아가면 OK였다. 방망이를 여러 번 휘둘러서 한두 번이라도 맞히면 충분히 수익을 올릴 수 있었기 때문이다.

그러나 지금은 필요 최소한의 비용으로 공을 쳐야 한다. 굵고 무거운 방망이를 휘두를 힘이 더는 남아있지 않기 때문이다.

그러므로 이렇게 생각했으면 한다. **'가느다란 방망이라도 잘만 치면 클린 히트가 될 수 있다. 그러니까 전혀 불리하지 않다'** 라고 말이다.

117

살아남는 방법은
동물이 알고 있다

마케팅이 전문 분야인 나는 종종 동물들의 생존 방식에 감탄하곤 한다. 그들은 그야말로 이 분야의 달인이다.

동물이 적으로부터 몸을 지켜 살아남기 위해 하는 행동에는 주로 네 가지 유형이 있다. 첫 번째는 적극적으로 적을 따돌리는 방법이다. 재빨리 도망치거나 오징어처럼 먹물을 뿜는 것이다. 두 번째는 조개나 새우처럼 단단한 껍데기를 이용해 공격으로부터 몸을 지키는 것이다. 세 번째는 재생력을 발휘하는 방법이다. 적에게 신체의 일부가 먹혀도 불가사리나 새우, 게 등은 몸이 재생돼서 살아남는다고 한다. 마지막은 포식자가 오지 않는 곳에 서식하는 방법이다. 바위에 구멍을 뚫어 그 안에서 살거나 다른 생물이 오지 않을 만한 심해에서 살기도 한다.

이는 '경쟁 상대로부터 어떻게 회사를 지킬 것인가'라는 물음의 해답이 된다. **적에게 대항하는 장점을 키울지, 지금 가진 파이를 굳게 지킬지, 몸이 잘려 나가도 참고 천천히 재생시킬지, 아니면 상대방이 진출하지 않는 틈새시장을 개척할지**…. 그리고 이 방법은 개개인의 생존에도 응용할 수 있다.

제8장

자신의 **한계**를 **초월한 힘**을 내기 위해 **필요한 것**

당신의 장래는 밝은가, 아니면 어두운가? 어느 쪽이든 끝까지 서 있을 수 있는 체력과 기력을 잃지 마라. 그러면 기회가 왔을 때 자신의 한계를 초월한 힘을 낼 수 있다. 그러기 위해서는 '1㎜씩이라도 성장한다'는 단호한 결의가 필요하다. 이런 마음을 가졌는지에 따라 자신과 팀이 발휘할 힘은 크게 달라진다. 그리고 성공한 사람일수록 매일 노력을 거르지 않는다는 사실을 기억하라.

118

"꼭 저에게 맡겨 주세요"라고 말할 줄 아는 사람이 되어라

"자신 없어요." "해본 적 없는데요." "저보고 하라고요?"

이 셋은 상사가 싫어하는 부하의 대답 베스트 3에 들지도 모른다. 확실하게 말로 표현하지 않더라도 회피하는 낌새를 보이면 상사는 금방 알아차린다. 나는 부하의 행동에 의외로 관대한 편이지만, 이런 말을 아무렇지 않게 내뱉는 사람에게는 일을 주지 않는다.

왜냐하면, 그것은 '그 부하가 자신 없어 하는 일이니까 오히려 한번 도전하게 해보자'라는 생각으로 시킨 일이기 때문이다. 그런 마음도 모르고 정면으로 거부하면, 상사의 의욕은 단숨에 사그라든다.

즉, 상사가 '자신 없는 일'을 시킨다면, 당신은 기대를 받고 있다는 뜻이다. 그 일에 도전하면 한층 성장할 수 있다.

그럴 때는 상사의 의도를 헤아려 적극적으로 나가야 한다. "꼭 저에게 맡겨 주세요"라는 한마디만큼 상사에게 기쁘고 믿음직스러운 말은 없다.

119

자신감이 떨어졌을 때는 자신의 장점을 적어보라

적자에 시달리는 회사에 다니는 사람은 예외 없이 자기 자신을 과소평가한다.

겉으로는 아무리 강한 척해도 마음속으로는 열등감에 사로잡혀 '나 따위에게는 아무런 능력도 힘도 없다'라고 생각한다.

그러나 그런 정신 상태로는 기울어가는 회사를 바로 세울 수 있을 리가 없다.

그래서 내가 가장 먼저 하는 일은 그런 열등감을 깨부수는 것이다. 자신의 장점을 철저하게 의식시키는 것이다.

자신감이 떨어졌을 때는 우선 자신의 장점을 목록으로 작성해보라. 작은 것이라도 좋으니 겁내지 말고 적어보라.

그런 습관을 들이면, 자신이 스스로 생각하는 것보다 훨씬 유능한 사람이라는 걸 깨닫게 된다.

120

원하는 **정보**는 **눈앞**이나 **발밑에** 굴러다닌다

아는 사람 중에 유능한 보험 판매원이 있다. 그는 십수 년 내내 표창을 받을 정도로 능력 있는 사람이다. 얼마 전에 그 비결을 넌지시 물어봤다.

그 비결은 방문지의 현관을 보는 순간, 현관에서 얻을 수 있는 정보를 빠짐없이 머릿속에 넣는 것이라고 한다.

무슨 뜻일까?

그는 이렇게 설명했다. "집 현관만큼 정보로 가득한 장소도 없어요. 우선 신발을 보는 겁니다. 벗어놓은 신발 개수와 종류, 모양으로 아이가 있는지, 노인이 있는지, 또는 젊은 여성이 있는지 모든 가족 구성을 한눈에 알 수 있죠. 또 현관이 깨끗한지 더러운지, 정리 정돈이 되어있는지 보고 그 집의 금전적인 여유나 구성원의 성격까지도 판단할 수 있습니다."

영업 사원에게 고객의 주머니 사정을 파악하는 건 상당히 중요한 사항이다. 아무리 살 마음이 있어도 지급 능력이 없으면, 상품을 팔 수 없기 때문이다.

121

새로운
비즈니스 모델은
'**고마움**' 속에 있다

장기간 이어지는 불황 속에서 기업들은 모두 약체화되어 '건전성'을 잃고 있다. 파견 계약 해지는 그 시작에 불과하다. 앞으로는 일류 기업마저 소비자가 불이익을 당하건 말건 자사의 이익을 확보하기 위해 품질을 떨어뜨릴지도 모른다.

하지만 이런 비즈니스 모델로 언제까지 버틸 수 있을까? **나는 이럴 때일수록 '고마운 마음이 드는 것'을 만들어내서 우위를 차지해야 한다고 생각한다.** 소비자가 고마움을 느낄 만큼 편안하고, 편리하고, 쾌적하고, 깨끗하고, 따뜻하고, 행복해지고, 풍족해지는 상품을 만드는 것이다. 그렇게 하면 제공하는 쪽도 자부심이 생긴다. 상대방의 고맙다는 말에 고마움을 느끼는 건전한 정신을 되찾을 수 있다.

성적이 부진한 사람에게도 같은 말을 전하고 싶다. **고맙다는 말을 목표로 일하라.** 고객에게, 상사에게, 사장에게, 부하에게, 가족에게…. 가까운 사람들에게 도움이 되게끔 일하면 업무 능력도 반드시 상승한다.

122 '티끌 하나 없는' 마음으로 일하라

　사업을 계속하다 보면, 도저히 넘을 수 없는 벽에 부딪힐 때가 있다. 큰 소송이 걸린 회사의 재건을 맡았을 때가 그랬다.

　배상 문제라는 마이너스 유산은 내 정신을 가차 없이 피폐하게 만들었다. 상품으로 인해 불이익을 당한 고객, 사건을 기회 삼아 이익을 얻으려는 어중이떠중이들, 의욕을 잃어 포기 상태가 된 직원들 그리고 회사의 책임을 추궁하는 주주들….

　늘 논리적으로 일에 접근하려고 하는 나도 이때만큼은 의지가 꺾이고 말았다. 무엇을 우선해야 할지, 누구의 이익을 가장 먼저 생각해야 할지조차 판단하지 못하고 무력감과 허탈감에 빠졌다.

　그런 날들이 이어지던 어느 날, 나는 무작정 차를 타고 하코네의 산으로 향했다.

　한참을 달리다 보니 어느새 '아미타사'라는 절에 도착해있었다. 밤안개에 뿌옇게 빛나는 불빛에 이끌려 절 안으로 들어가니 스님이 내게 말을 걸었다.

　아마도 내 몰골이 심상치 않았을 것이다. 스님은 나를 불당으로 데리고 가서 말동무가 되어줬다.

제품에 고민을 털어놓자 스님은 이런 질문을 던졌다. **"당신은 마음속에 티끌 하나 없다고 단언할 수 있습니까?"**

그 한마디를 듣자 내 마음속에 자욱이 낀 안개가 활짝 걷히는 것 같았다. 마음속과 머릿속이 먼지가 잔뜩 낀 탓에, 아니 그것을 핑계로 '가장 소중히 해야 하는 것'을 외면해왔다는 사실을 깨달았기 때문이다.

사장이라면, 우선 직원들을 지켜야 한다. 회사를 무너뜨리지 않고 직원을 지키는 것만이 고객이나 불이익을 당한 사람들에게 충분히 책임을 다하는 유일한 길이다. 주주는 그다음에 생각하면 된다. 어중이떠중이는 단호히 상대하지 않는다. 지금까지의 고민이 거짓말처럼 사라지고 우선순위와 회사를 이끌어 갈 로드맵이 머리에 떠올랐다.

벽에 부딪혔다고 느껴질 때, 자신의 마음에 먼지가 쌓이지 않았는지 돌아보라. 먼지를 털어 내면 반드시 선택할 길이 보일 것이다.

123

최선을 다하고 나면, **어떤 모험도 두렵지 않게 된다**

'살아남으려면, 어느 정도 위험을 무릅쓰고 도전해야 한다'라는 말을 들어봤을 것이다.

그러나 큰 모험을 했다가 혹시라도 실패하면 회사의 존망에 영향을 끼치는 것도 사실이다. 이 때문에 위험을 무릅쓰는 데 두려움을 느껴 결과적으로 위험을 회피하려고 하는 회사도 많다.

나는 지금까지 2,000곳 이상의 기업을 되살리기 위해 힘써왔다. 적자 기업의 회생은 손에 피를 묻히지 않고서는 불가능하다. 사업 철수, 부문 매각, 인원 감축 같은 괴로운 결단을 포함하여 과감한 정리가 요구된다.

기업을 다시 일으켜 세우는 데 필요한 선택은 '위험을 무릅쓰는' 수준이 아니라 거의 '도박을 하는' 수준이다.

하지만 나는 도박을 하는 게 무섭다고 생각한 적은 한 번도 없다.

왜냐하면, 이렇게 도박을 하게 되기 전까지 가능한 범위의 모든 방법을 다 써서 전력으로 재건을 위해 노력했기 때문이다.

솔직히 이쯤 했으니 어떤 형태로든 결과가 나올 거라는 생각이었다. 만약 잘 안 된다면, 그건 어쩔 수 없는 일이다.

가능한 모든 수단을 다 썼기 때문에 어떤 결과가 나오든 두렵지 않은 '무심'의 경지에 오를 수 있었다. 그 정도로 노력하지 않았다면, 분명 도박을 하기가 겁났을 것이다. 그리고 그 도박이 성공할 가능성도 훨씬 낮아졌을 것이다.

회사에는 살기 위해 위험을 감수해야 하는 국면이 있다. 그때는 가능한 모든 수단을 써서 노력해야 한다. 그야말로 죽을 각오로 해야 한다.

그렇게 하고 나면, 위험을 무릅쓰는 게 전혀 두렵지 않을 것이다.

『생각
정리』

124

프로젝트를
**성공시키고 싶다면,
마을 부흥의 법칙**을
참고하라

적자 회사 재건의 성공 조건은 신기하게도 '마을 부흥 운동'
의 성공 조건과 정확히 일치한다.

**마을 부흥 운동 성공의 열쇠는 '젊은 사람', '행사에 열심히 참
여하는 사람', '다른 지역 사람', 이 3자가 모이는 것이다.** 즉, 선
입견이 없는 사람, 성공시키려는 열의가 있는 사람 그리고 객관
적인 눈으로 진행 상황을 봐줄 사람이 필요하다.

이것을 기업에 대입하면, '성공의 로드맵을 정직하게 받아들
이는 인재', '성공할 거라는 믿음으로 개혁을 추진하는 인재',
'팀에서 벗어나 프로젝트의 전체상을 보고 회사의 힘을 120%
활용하는 인재'가 된다.

이것은 기업을 다시 세울 때뿐만 아니라 신규 프로젝트를 진
행할 때도 써먹을 수 있다. 나는 어떤 기획을 실행할 때 이 3자
를 중심으로 포진을 짠다. 그리고 회사에 도움이 안 되는 발언
을 일삼는 사람은 가차 없이 쫓아낸다. 그것이 성공하는 지름길
이기 때문이다.

125

무기력한 분위기를
방치하지 마라

　적자 회사에 드나들다 보면 나도 모르게 몸서리쳐질 때가 있다. 사옥까지 있고, 사무실에 사람이 있는데도 인기척이 느껴지지 않는, 마치 폐가 같은 회사에 발을 들였을 때다. 여기저기 고함이 날아다니고 재건을 위해서 온 나를 비난하는 목소리가 들리는 경우 그나마 희망이 있다. 직원들에게 기력이 있다는 증거이기 때문이다. 그런 회사에는 회사를 다시 일으켜 세울 힘이 남아있다. 거의 싸움에 가까운 언쟁일지라도 서로 의견을 나누며 재건을 진행할 수 있다.

　그러나 직원들이 이미 무기력해진 회사는 병의 뿌리가 깊어되살리는 데 시간이 걸린다.

　무기력한 직장의 특징은 크게 네 가지다.

　먼저, 실패의 원인을 찾지 않고 내버려 둬서 사태가 점점 더 악화된다. 불량 채권이나 불량 재고의 증가가 그 전형적인 예다.

　다음으로, 야망 없는 사람이 많다. 이것은 월급만 받으면 그만인 무사안일주의자가 많다는 증거다. 아무리 실적이 떨어져도 나 몰라라 하고, 그저 월급을 받기 위해 회사에 오는 무책임한 사람들이 대다수를 차지한다.

그리고 그런 사람들이 의욕적인 사람의 발목을 잡는다는 것이 세 번째 특징이다. 무기력한 기운은 의외로 강력하고 음습하다.

마지막으로, 그런 기업은 예외 없이 조직 내 의사소통이 원활하지 않다. 영업 쪽에서는 시장의 니즈나 경쟁사의 동향 같은 정보를 공유하지 않고, 개발이나 제조 쪽에서도 마케팅에는 일절 관심이 없다. 부서별로 고립되어있어서 회사 전체가 유기적으로 움직이지 못한다.

리더라면 자기 부서를 이런 무기력한 직장으로 만들어서는 안 된다. 그 첫걸음은 다음 네 가지 사항을 유의하는 것이다.

1. **조직 내 의사소통을 원활하게 한다.**
2. **사원의 책임감을 개선한다**신상필벌을 명확히 한다.
3. **조직 내 금기 사항을 없앤다.**
4. **소비자의 목소리를 최우선으로 생각한다.**

무기력한 직원은 인습과 무책임에서 태어난다. 그 뿌리를 자르는 게 조직 개혁의 핵심이다.

126

비즈니스의 세계에서 **70점은 용납되지 않는다**

'이 정도면 됐어'라고 하며, 일의 합격점을 70점 정도로 정해 버리는 사람이 있다. 나는 이런 사람들을 어리석다고 생각하지 않는다. 오히려 무모한 행동이라고 생각한다.

비즈니스의 세계는 대학 입시와는 다르다. 대학 입시에서는 만점이든 70점이든 합격이라는 사실은 변하지 않는다.

그러나 비즈니스계에서는 설령 95점이라도 상대방의 기준에는 못 미칠 수도 있다. **70점으로 만족하는 사람은 30점을 더 올릴 수 있는데도 그냥 포기해버리는 사람으로밖에 안 보인다.**

한 번만 더, 한 시간만 더 교섭했으면 계약이 성사되었을지도 모르는데 냉큼 돌아가 버리는 건 손해를 보고 싶은 거라고밖에 생각되지 않는다.

제품의 완성도 체크리스트 가운데 99개가 OK여도 하나가 NG라면 그건 불량품이다.

항상 100%를 목표로 하는 것이야말로 유능한 비즈니스 퍼슨의 조건이 아닐까.

127

전 재산을
사업에 **쏟아부을**
각오로 임하라

도산하기 일보 직전인 회사 사장에게 '우선 자기 재산을 투입하라'고 조언하는 경우가 있다. 특히 최근에는 이런 말이 절로 나온다. "그 정도도 안 하면 회사가 망한다니까요?"

재산이란 돈만 의미하는 게 아니다. 시간, 열정, 노력 등 자기가 가진 모든 것을 총동원해서 일에 쏟아부으라는 뜻이다. **이약육강식의 시대에는, 안전한 곳에 몸을 숨겨 상황을 극복할 수있다고 생각하면 큰 오산이다.**

한없이 침체된 경기에 외상 대금 회수도 불가능해지고 은행대출도 어려워졌다. 이 사태에 대응하려면, 경영자는 자기 몸이라도 바쳐야 한다.

일반 회사원에게는 이런 이야기가 딴 세상 이야기처럼 현실감 없게 들릴지도 모른다.

그러나 자기 재산을 일에 쏟아부을 정도의 각오 없이는 살아남을 수 없는 시대에 돌입한 현실을 여러분도 깨달았으면 한다.

128

몸을 쓰지 않는 사람, 머리를 쓰지 않는 사람에게는 절대 행운이 찾아오지 않는다

반드시 그런 건 아니지만, 인재를 중도 채용할 때 기업이 원하는 건 '운 좋은 사람'이다.

입사와 동시에 행운을 몰고 오는 사람만큼 기업 입장에서 고마운 건 없다.

한 가지 자랑하자면, 나는 그런 인재를 면접 한 번으로 꿰뚫어볼 수 있다.

면접을 보러 오는 사람은 크게 세 가지 유형으로 나눌 수 있다.

우선 논의할 가치도 없는 것이 "저는 상장 기업에서 과장으로 근무했습니다"라고 과거의 직함을 강조하는 유형이다.

그리고 가장 많은 유형이 구체적인 숫자를 제시하여 성공 경험을 어필하는 사람이다. 예를 들어, "전 직장에서는 신제품을 시장에 출시해서 10억 원 이상의 매출을 달성했습니다"라고 하면 확실히 우수한 사람이라고 생각하게 된다.

다만, 나는 여기에 추가로 몇 가지 더 질문해서 운이 있는 사람인지 판단한다. "그 프로젝트가 성공한 요인은 무엇입니까? 그리고 당신의 어떤 능력과 행동이 성공하는 데 도움이 되었습니까?"

그러면 의외로 적확한 답이 나오지 않는다. 그 프로젝트를 진행할 때는 행운을 누렸을지도 모르지만, 이직 후에도 그 행운이 따라올지는 미지수다.

내가 원하는 정말로 운이 좋은 인재란, 자신의 성공 경험에서 성공 요인을 추출해 자기만의 '승리 패턴'을 구축한 사람이다.

극단적으로 말하면, 비즈니스에서의 행운은 노력에 의한 결과다.

성공하는 패턴은 두뇌를 풀가동시켜 뼈를 갈아 일하는 사람만이 몸에 익힐 수 있기 때문이다.

면접에서 승리 패턴을 가진 사람을 발견하지 못한 경우, 역으로 실패에 관해 그 실패 요인을 분명히 말할 수 있는 사람을 차선의 인재로 채용한다.

실패를 남 탓이나 회사 탓으로 돌리지 않고 냉정하게 분석하는 사람이라면, 반대로 '지지 않는 패턴'을 구축할 가능성이 있기 때문이다.

129

불운을
한탄하지 마라.
행운도 기뻐하지 마라

운이란 무서운 것이다. 만전을 기해서 준비한 일이 불의의 사태로 좌절되기도 한다.

반대로 어떻게 봐도 얻어걸린 게 분명한 대히트 상품이 탄생하기도 한다.

하지만 그것 자체는 운이라는 놈의 진짜 무서운 점이 아니다. **운의 진짜 무서운 점은 운에 좌우되어 나타난 결과를 자신의 실력으로 착각해버린다는 점이다. 그 반대의 경우도 마찬가지다.**

즉, 불운에 휩쓸린 사람은 자신감을 잃고 어깨가 축 처진다. 그러면 주위에 괜히 더 '실패자'라는 인상을 심어준다.

그러므로 불운을 한탄하고 있을 때가 아니다. 쉽지 않겠지만, 실패는 실패일 뿐이라고 훌훌 털어버리고 새로운 마음가짐으로 열심히 일하는 수밖에 없다.

그래도 운은 없는 것보다 있는 편이 좋다.

그러나 운 좋게 성공한 걸 자신의 실력으로 착각해서 거만해지거나 일을 얕보는 사람도 있다.

또한, 운 좋게 젊은 나이에 성공해버린 탓에, 재능을 크게 꽃피우지 못해서 말년에 쓸쓸한 인생을 보내는 사람도 있다.

어느 쪽이든 운에 좌우된 결과는 다음 일로 연결되지 않는다고 선을 그을 필요가 있다.

운도 실력이라고 큰소리치는 사람은 언제까지고 진짜 실력을 손에 넣을 수 없다.

『**생각 정리**』

130

골에 도달하는 길은 **하나가 아니다**

일이든 축구 시합이든 목표는 '골'이다. 가능하면 최단 거리로 효율 좋게 골에 도달하고 싶을 것이다.

그러나 어려운 문제에 직면했을 때 무리해서 최단 거리를 목표로 하면 위험하다. 최단 루트에는 함정이 도사리고 있기 때문이다.

그럴 때마다 항상 내 마음을 편안하게 해준 말이 있다. "산은 서쪽에서도 동쪽에서도 오를 수 있다. 내가 방향을 바꾸면 얼마든지 새로운 길이 열린다"라는 마쓰시타 고노스케松下幸之助의 말이다.

산 정상에 도달하는 길은 하나가 아니다.

어디에서 출발하든 위를 향하는 한, 언젠가는 정상에 도달한다.

노련한 등산가는 자신의 체력과 장비를 고려해서 최적의 루트를 선택한다. 이와 마찬가지로 비즈니스에서도 자신의 능력과 기술을 유감없이 발휘하면, 반드시 정상으로 가는 길이 열린다.

131

완벽을 추구하라.
거기에는 반드시
부산물이 따른다

내가 안경 제조 회사 니콘 에실로에서 사장 겸 CEO로 재직하던 때의 일이다. 매장에 진열된 안경은 어느 회사 제품이건 상관없이 렌즈에 지문이 묻어있었다.

그래서 나는 "적어도 우리 제품만이라도 지문이 안 묻어있게 하면 어떨까?"라고 말했다. 그날 이후로 영업 사원들은 소매점을 방문할 때마다 우리 제품을 꼬박꼬박 닦아놓았다.

그러자 매출이 1할 정도 올랐다. 안경이라는 건 신체에 직접 닿는 제품인 만큼, 렌즈가 깨끗할수록 고객에게 좋은 인상을 주기 때문이다.

그런데 지문 닦기의 효과는 거기서 끝이 아니었다. 다른 부분도 깔끔하게 해놓고 싶은 마음에서인지, 매장 내 자사 제품의 진열 방법이 점점 정돈되었다. 그리고 주위에서 '그 회사 직원들은 부지런하다'며 입을 모아 칭찬하기 시작했다.

그러자 영업 사원들은 한층 자부심을 느끼고 열심히 일하게 되었다. **완벽을 추구하는 자세가 이익과 성과뿐만 아니라 일하는 기쁨이라는 부산물도 가져다준 것이다.**

132

결국,
한 걸음 한 걸음
나아가는 사람이
가장 멀리 간다

'스텝 바이 스텝Step by Step'이라는 말을 안 건 초등학교 때로, 이미 60년도 전의 일이다.

여자 마라톤 금메달리스트 다카하시 나오코를 키워낸 고이데 요시오와 동급생이던 시절, 그 당시 우리를 가르치던 오노 준지로大野順司郎 선생님이 이런 말씀을 하셨다. "너희는 앞으로 아이에서 어른으로 자라나는 과정에서 여러 가지 삶의 요령을 배워 나가야 한단다. 하지만 그걸 한꺼번에 배울 수는 없어. 스텝 바이 스텝이라는 말처럼 서두르지 않고 한 걸음 한 걸음 나아가는 수밖에 없단다." 아직도 마치 어제 일처럼 떠오른다. 이날 이후로 나는 '스텝 바이 스텝'이라는 말을 아주 좋아하게 되었다.

한 걸음 한 걸음 자신의 발로 대지를 느끼면서 걸어야 비로소 힘이 된다.

요즘 사람들은 이 사실을 지나치게 간과하는 것 같다.

최근, 최소한의 노력으로 최대 효과를 얻으려 하는 사람이 늘고 있다.

하지만 현실은 그렇게 녹록하지 않다.

'최대의 노력을 기울인 사람만이 최대 효과를 얻을 수 있다.'

이것이 50년 비즈니스 인생에서 내가 실감한 것이며, 두말할 것
없는 진실이다.

이 말을 장래가 기대되는 여러분에게 바통처럼 넘겨주고 싶다.

일과 인생 선배

하세가와 가즈히로가 젊은이들에게

『생각
정리』 _____

『생각
정리』

基本

불황일수록 기본으로 돌아가라!
일의 기본,
경영의 기본

초판 1쇄 인쇄 | 2020년 4월 9일
초판 1쇄 발행 | 2020년 4월 17일

지 은 이 | 하세가와 가즈히로
옮 긴 이 | 유나현

주   소 | 경기도 파주시 회동길 354
전   화 | 031-839-6804(마케팅), 031-839-6811(편집)
팩   스 | 031-839-6828

발 행 처 | (사)한국물가정보
등   록 | 1980년 3월 29일
이 메 일 | bookandcontent@hanmail.net
홈페이지 | www.daybybook.com